七步入微
——微课程设计与开发实战指南

周家栋 著

北京邮电大学出版社
www.buptpress.com

内 容 简 介

"七步入微"是企业微课程设计与开发的培训解决方案,已有包含近 20 家世界 500 强企业在内的数百家知名企业将这套培训体系引进企业内部,累计培养了数万名"微课设计师"。本书基于近 400 个一线培训项目的实践经验沉淀总结而成。本书包含四个部分,细致讲解了微课设计与开发的理论、方法、工具、技巧,具有系统性、独立性、实用性、指引性、立体性的特点。

本书适合人力资源培训工作人员、企业内训师以及任何想要了解或制作微课的人员阅读,也适合高校、职校、中小学教师等制作电子课件时参考。

图书在版编目(CIP)数据

七步入微:微课程设计与开发实战指南 / 周家栋著. -- 北京:北京邮电大学出版社,2020.12
ISBN 978-7-5635-6208-4

Ⅰ. ①七… Ⅱ. ①周… Ⅲ. ①企业管理—职工培训—多媒体教学—课程设计—指南 Ⅳ. ①F272.921-62②G434-62

中国版本图书馆 CIP 数据核字(2020)第 177951 号

策划编辑:姚 顺 刘纳新　　责任编辑:刘春棠　　封面设计:柏拉图

出版发行	:北京邮电大学出版社
社　　址	:北京市海淀区西土城路 10 号
邮政编码	:100876
发 行 部	:电话:010-62282185　传真:010-62283578
E-mail	:publish@bupt.edu.cn
经　　销	:各地新华书店
印　　刷	:唐山玺诚印务有限公司
开　　本	:720 mm×1 000 mm　1/16
印　　张	:17
字　　数	:291 千字
版　　次	:2020 年 12 月第 1 版
印　　次	:2020 年 12 月第 1 次印刷

ISBN 978-7-5635-6208-4　　　　　　　　　　　　　　定价:48.00 元

・如有印装质量问题,请与北京邮电大学出版社发行部联系・

前　言

谢谢你打开这本书。

我曾经在红星美凯龙、大润发、中信银行三家企业从事培训管理工作，直到2012年从银行离职，转身成为咨询顾问、职业讲师。2013年底，我开始了微课程领域的探索与实践，设计并开发了培养企业微课程设计师的训练体系，因为这套训练体系有七个步骤，所以就起名为"七步入微"。

2014年9月，完成了"七步入微"的内测版课程。2015年1月发布了1.0版，4月第一期内训课在平安人寿落地，5月第一期商业公开课由中培企联信息技术研究院在北京举办，10月获得了国家版权局的著作权证书（No.00210708）。2016年6月获得国家工商行政管理总局注册商标证书（No.19870888）。

之后，"七步入微"进入快速实践期，大量的一线应用让课程得以快速实践、打磨、迭代。截至2019年底已经累计开展400个项目/超过1 000天终端交付，学员累计超过20 000人。这其中包括可口可乐、联合利华、博世、诺基亚贝尔大学等近20家世界500强企业，包括平安大学、交通银行、太平人寿、国信证券等超过30家金融行业总部，包括中国商飞、中国海油、中国外运、蒙牛、东风汽车等知名企业，以及中国银行业协会、四川省城商行协会、上海市数字内容产业促进中心等社会团体。

前言

我很高兴能够"毫无保留"地把上述实践经验浓缩在这本书中,并努力让本书具备五个特点。

- 系统性

本书包含四个部分,分别聚焦在微课的选题规划、设计开发、制作呈现以及组织运营上。这些维度包含了微课设计与开发的各个维度,形成了完整的知识闭环。所以,这是一本非常全面的概念书。

- 独立性

本书共 8 章,基于"用微课学微课"的理念,每个小节均为独立设计。你可以"按需学习",而无须从头开始阅读。所以,这是一本非常具体的资料书。

- 实用性

本书所有章节都在考虑如何"对你有用",理论部分配案例,方法部分配工具,知识部分配测试,操作部分配练习,实践部分配表格。所以,这是一本非常实用的教科书。

- 指引性

本书每章都包括"基础阅读""进阶思考"两个角度,方便梯度阅读;"实操练习"提供了操作指引,逐一完成即可做到"从知到行",也确保了"学到并且做到"。所以,这是一本非常易用的工具书。

- 立体性

我一直在思考,如何让你"学得更好"。为此,专门制作了与本书配套的教学视频(阅读过程扫码可看),设置了专用答疑邮箱,搭建了"混合学习实验室"公众号并持续更新内容,组织"在线训练营"为你"学得更好"保驾护航。所以,这是一本非常体贴的体验书。

作为微课程设计与开发的研究者,我坚持了将近七年。如今,"七步入微"

终于凝聚成了一本书。

除了要感谢客户和机构伙伴以外,尤其要感谢在职场上帮我提升专业的引路人:刘惠、郑志燕、张喆、汤斌、赖正方、王东等,他们是我职场上的老师,培养了我今天的专业能力。如今,"七步入微"是一个团队在支撑,前哨教育教研团队的成员一起支撑了"七步入微"面授班、在线训练营、混合学习班的运营。感谢王乾泽、龙颖、管利新等讲师顾问的共同努力,感谢秦海峰、李欢欢、费涛在本书撰写时提供的协助,感谢邵玉杰为本书配图,感谢吴凡、严研、乔彬的一路同行。

感谢华信乾坤钱晓金总经理的信任,感谢刘成、曹晓雨、周琨、姜少天、邓永奇、陈素娇、王雅维等伙伴的推动支持。

特别感谢爱人赵星,感谢我的朋友们:周骐骥、周骐霖、周绪祥、高月芬、赵绪文、彭志红,在本书写作过程给我的鼓励。

无论在写作时如何竭尽所能,都无法避免本书的不足,恳请读者不吝赐教。一方面,本书的不足受本人经验阅历和认知水平所限;另一方面,培训技术在发展、软件技术在进步,因此微课程设计与开发的方法、工具都会一直不断迭代、升级、更新,我们愿意随技术一起进步。

如果你需要了解最新资讯、获得课程配套学习资源、学习更多在线课程,请通过"混合学习实验室"公众号获取:

前言

如果你在设计和开发微课时遇到了技术问题,请通过答疑邮箱 QiBuRuWei@163.com(不区分大小写)描述你的问题,可以获得在线顾问的帮助。

如果你在阅读本书时有好的想法、见解,欢迎通过 9611530@qq.com 联系我。

谢谢你打开这本书。

周家栋
2020 年春,于青岛

全书章节介绍（导读）

Part 1　选题规划篇

- 第 1 章　选题：全局视角 读懂微课

本章从"学习进化论"的视角解读微课的前世与今生，借助案例介绍微课的类型、应用和特点，并介绍微课设计与开发的整体流程。从应用层面看，本章内容能帮助你深度理解微课，从而精准做好微课选题。

- 第 2 章　精析：规划结构 理顺思路

本章介绍微课的整体框架，并通过案例分析的方式讲解每部分的设计要点。从应用层面看，本章内容能帮助你搭建微课的框架，完成微课的脚本结构。

Part 2　设计开发篇

- 第 3 章　深萃：深度萃取 提炼干货

本章介绍微课脚本的主线设计、内容萃取、干货提炼以及脑友好型加工微课内容的方法，这些内容是微课脚本设计的核心。从应用层面看，本章内容能帮助你确定微课的关键内容。

- 第 4 章　细琢：精雕脚本 细致设计

本章是上一章的延续，讲授如何让微课脚本容易理解、牢固记忆。从应用层面看，本章内容能够帮助你优化微课脚本内容。

- 第 5 章　妙笔：形象表达 文案生花

本章是脚本部分的最后内容，介绍快速撰写脚本的经验，并且剖析了好的微课脚本案例。从应用层面看，本章内容能够帮你完成微课脚本。

Part 3　制作呈现篇

- 第 6 章　良工：微课速成 高效精良

本章介绍制作微课要掌握的最基本的方法、工具，包括使用 PowerPoint 或 WPS 制作微课的整体流程，语音录制、屏幕录制等技能，以及实景拍摄、音视频剪辑、高效搜索和如何免费获取可商用素材的技巧。从应用层面看，本章内容能够帮助你掌握制作一门微课所需要的工具、方法和技巧。

- 第 7 章　巧匠：专业进阶 技艺精巧

本章介绍制作微课的进阶技巧，包括平面设计、动画设计、语音合成、字幕添加等技术。从应用层面看，本章内容能够帮助你优化微课。

Part 4　组织运营篇

- 第 8 章　微课在企业中的运营与管理

本章从培训管理者角度介绍梳理微课体系、组织微课大赛、评价微课好坏的经验。每节使用了三个"不一定"作为标题，体现了"适合自己的才是最好的"，没有完美的标准。本章内容均来自我在一线数百个咨询项目积累的真实经验，既包含了你要避免的"坑"，也包含了我帮你搭起的"桥"。

除了阅读本书内容以外，还请关注以下内容：

- 阶梯阅读

本书内容分为"基础阅读""进阶思考"两个维度，前者适合系统掌握，后者适合进阶学习。

- 视频课程

本书提供了配套的视频课程资源，在阅读过程中扫码可看。

- 练习指引

本书共配有 52 个操作指引，这些练习与本书内容衔接，逐一完成即可实现"学到并且做到"。

- 素材工具

本书配有"七步入微素材库"，提供制作微课所需要的软件安装包、素材等，且每 2~3 个月更新一次，请在"混合学习实验室"公众号回复"七步入微素材库"获取最新版下载链接。

目 录

Part 1 　选题规划篇 ·· 1

第1章　选题：全局视角 读懂微课 ··· 3

基础阅读 ··· 3

1.1　解读微课：为什么知名企业都在做微课？ ·· 3

1.2　三种类型：按需选择，能抓耗子是好猫 ·· 8

1.3　四问定题：搞清四个问题，选题才算有效 ······································ 12

1.4　五个特点：理解特点是精准选题的前提 ·· 14

进阶思考 ·· 23

1.5　整体流程：微课是如何炼成的？ ·· 23

1.6　应用案例：为什么一线业务部门争着做微课？ ································ 27

第2章　精析：规划结构 理顺思路 ··· 31

基础阅读 ·· 31

2.1　科学进程：不会设计结构，谈什么开发脚本？ ································ 31

2.2　三步框架：巧用"瞄准—射击—补刀"速定微课脚本框架 ················· 36

进阶思考 ·· 38

目录

  2.3 激活动机:微课黄金60秒,如何抓住学员心? ………… 38

  2.4 回归目标:你做过的总结,也许都是错的 ………………… 41

  2.5 巧设结构:四种常见的微课设计思路(案例) …………… 43

Part 2 设计开发篇 49

第3章 深萃:深度萃取 提炼干货 …………………………… 51

基础阅读 …………………………………………………………… 51

  3.1 明确主线:所谓逻辑清晰,就是主线明确 ……………… 51

  3.2 内容为王:即使再好的呈现,也要"干货"做前提 …… 60

  3.3 聚焦干货:四种常见微课的"干货"特征 ………………… 70

  3.4 记忆线索:七种"建模"方法,"串联"微课内容 ……… 73

进阶思考 …………………………………………………………… 78

  3.5 脑友好型:什么样的微课内容更容易被大脑接受? …… 78

  3.6 内外结合:缺少内部内容,如何快速搜索外部资源? … 83

第4章 细琢:精雕脚本 细致设计 …………………………… 86

基础阅读 …………………………………………………………… 86

  4.1 九宫配料:三行三列九素材,一"近"一"多"两原则 … 86

  4.2 形象表达:没有素材的微课,就是一碗"水煮面" …… 93

进阶思考 …………………………………………………………… 96

  4.3 引导参与:巧设问题,你需要掌握四个技巧 …………… 96

  4.4 牢固记忆:让学员印象深刻的三个方法 ………………… 98

  4.5 案例微课:案例型微课的设计流程 ……………………… 101

第 5 章　妙笔：形象表达 文案生花　　107

基础阅读　　107

5.1　快速成稿：高效写作旁白脚本，前人经验分成三步　　107

5.2　脚本案例：细致剖析微课脚本　　111

进阶思考　　115

5.3　包装题目：吸引人的题目，只做到了一半　　115

Part 3　制作呈现篇　　119

第 6 章　良工：微课速成 高效精良　　121

基础阅读　　121

6.1　庖丁解牛：详细剖析微课的构成元素　　121

6.2　制作步骤：七个步骤，速成视频微课（标准版）　　126

6.3　微课速成：七个步骤，速成视频微课（极简版）　　137

6.4　语音录制：四种方式，按需选择　　139

6.5　屏幕录制：做微课一定会用得上的技能　　147

进阶思考　　150

6.6　实景拍摄：拍摄真人实景微课的 4 个速成技巧　　150

6.7　剪辑高手：随心所欲剪视频，只需一款小软件　　155

6.8　高效搜索：常见类型素材搜索渠道推荐　　163

6.9　版权雷区：素材版权无小事，莫踩雷区细分辨　　164

第 7 章　巧匠：专业进阶 技艺精巧　　172

基础阅读　　172

7.1　平面设计：向广告学微课，四个原则要牢记　　172

7.2 平面素材：一款爱不释手的素材插件 …………………………… 177
7.3 美颜大师：PPT 快速图片处理原来如此简单 …………………… 182
7.4 动画原理：三层五理讲动画，从零开始有秘籍（原理篇）……… 190
7.5 动画操作：熟用两个窗格，成为动画大师（操作篇）…………… 195
7.6 动画捷径：最好的素材，莫过一张 GIF …………………………… 208
7.7 动比静好：动图的制作方法与技巧 ………………………………… 212

进阶思考 …………………………………………………………………… 220

7.8 语音合成：让蜡笔小新为你配音 …………………………………… 220
7.9 临门一脚：巧用绿色工具添加专业字幕 …………………………… 224

Part 4 组织运营篇 …………………………………………………… 229

第 8 章 微课在企业中的运营与管理 ……………………………… 231

8.1 布局：微课不一定要有体系 ………………………………………… 231
8.2 推广：大赛不一定要选第一 ………………………………………… 237
8.3 应用：评价不一定要套标准 ………………………………………… 247

附录 ………………………………………………………………………… 251

结束语 微课是混合式学习的真正开始 ………………………………… 254

Part 1　选题规划篇

第1章 选题：全局视角 读懂微课

基础阅读

1.1 解读微课：为什么知名企业都在做微课？

从 2015 年开始，微课在全国遍地开花。很多企业投入了大量人力、物力用于微课在企业内部的落地。有的企业为打造微课平台投入几千万资金、上百名专职人员；有的企业把微课和管理干部晋升挂钩，利用最强有力的管理杠杆推动微课落地；有的企业把一年最重要的一次培训项目放在了微课领域，把微课项目做成了"全员运动"。

那么，刮起这股微课之风的原因到底是什么？为什么其他的培训技术，如行动学习、教练技术、引导技术，没有像微课一样掀起一股"全民浪潮"呢？现在的企业越来越务实，他们究竟找到了什么理由，愿意花这么大成本来做微课呢？有了微课，他们就不再使用传统面授了吗？

要回答这些问题，需要读懂微课的发展逻辑，也就是要从系统的角度来解读微课。

理解微课，是应用微课的前提，也是进行微课规划、选题、设计的重要前提。

关于微课的起源,有不同的解读。一般而言,有五种观点,如图 1-1 所示。

图 1-1　微课起源的五种观点

观点 1:60 秒课程

1993 年,美国北爱荷华大学教授 LeRoy 提出实施"60 秒有机化学课程",目的是让非科学专业人士在非正式场合中也能了解化学知识,课程由大变"微"。

观点 2:1 分钟演讲

1995 年,英国纳皮尔大学教授 Kee 提议,让学生对特定主题进行一分钟演讲,帮助学生思考与主题相关的、应被熟悉掌握的核心概念。

观点 3:可汗学院

2006 年,孟加拉裔美国人 Khan 创立了可汗学院,通过视频课程向世界各地的人们提供免费的短小视频教学内容。

观点 4:概念首提

2008 年,美国新墨西哥州胡安学院教学设计师 David 正式提出"微课"的概念,并应用于学校的在线教学领域。

观点 5:教育部发文

2013 年,教育部教学管理信息中心发文称,微课全称为"微型视频课程",以视频为主要载体记录老师围绕某个知识点或教学环节开展的简短、完整的教学活动。

上述观点构成了学术界对"微课"研究的主要信息来源。但是,企业应用微课并非因为学术研究,而是从应用的角度来理解微课的发展,这更符合企业的实际情况。

人类的学习在很久以前就已经存在了，只是传递知识的形式在不断发生变化。

早期，人类是依靠面对面的交流进行学习与培训的，俗称"面授"。这是我们最熟悉的学习形式。

虽然面授的方式有了变化，比如出现过"师徒制""私塾""训练营""工作坊""在岗培训"等不同形式，但本质上仍是面对面的知识传递。

始于中国古代的印刷术让学习发生了巨大的变化。从此，学习以"面授"和"书本"两种形式的结合为主，在之后的上千年时间里，学习形式并未发生太大改变。

那么，什么时候又发生了改变呢？

20世纪70年代末、80年代初，远程教育和多媒体教育兴起，比较典型的是1979年2月，中央广播电视大学和全国28家省级广播电视大学同时成立，俗称"电大"。此后学习形式发生了变化，开始有了卫星电视视频学习。

2000年前后，计算机和互联网迅速普及，美国教育部发布2000年度《教育技术白皮书》，把"通过因特网进行的教育及相关服务提供过程"称为"E-learning"。

学习形式再次发生变化，人们开始借助计算机让学习变得更加高效。随后，大量企业开始应用E-learning这种学习形式。

当时，大多数世界500强企业都在应用E-learning，一直到现在，很多企业，尤其是外资企业，仍习惯于这种学习方式。

2013—2014年，开始陆续有企业将微课这种学习形式应用到企业培训中。2015年，微课应用遍地开花。

直到今天，越来越多的企业开始尝试使用微课这种学习形式。

按照这样的逻辑，我们发现微课的应用实际上是学习形式的改变，也就是在培训中传递知识的形式有了创新。

教育领域的变化，其背后的根本逻辑是科技的变化，即科技创新发明了新的工具，工具最初解决生活问题，一旦普及，生活方式发生改变，继而就会影响学习与培训。从图1-2中，我们能清晰地看到学习形式的变化。

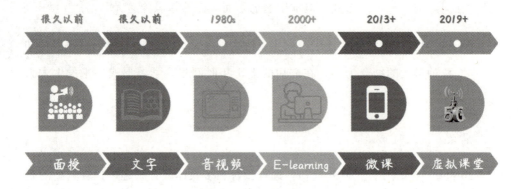

图1-2 学习形式的变化

微课之后，又会有什么样的学习形式产生呢？对教育学习又会有怎样的改变呢？

其实，未来已来。尤其是2017年美国苹果公司发布最新款苹果手机时，已经把一种新的、极有可能再次改变学习的技术进行了推广。5G时代的高速移动互联网以及VR、AR、MR技术在应用层面普及，"虚拟课堂"可能真的要来了。虚拟课堂是以直播为主要呈现方式的，师生在空间上分离、在时间上同步，借助高速网络实现即时性交互的远程教学模式。虚拟课堂并非新产物，但在5G移动互联网和智能终端得以普及，同时培训教学已经进入多种方式组合互补的阶段的前提下，虚拟课堂才真正有了应用土壤。

表1-1对不同的学习方式进行了简要对比，希望能够有助于我们从系统视角理解微课。

表 1-1　学习形式多维度对比表

方式/维度	面授	文字	音视频	E-learning	微课	虚拟课堂
学员人数	不宜过多	不限	不限	不限	不限	不限
教学频次	一般低频	不限	不限	不限	不限	可高频
内容特点	不限	受限	受限	较受限	较受限	大多数
互动模式	最佳	无	无	一般	较弱	较强
开发成本	较低	较低	较低	较高	较高	较低
培训成本	最高	低	低	较低	较低	一般

用系统视角看待微课发展，能更好地理解微课这种学习形式。下面用 6 句话做结论性归纳。

（1）"微课"不会替代传统面授，但是不同学习形式的融合能让传统面授变得更加高效，事实上，企业培训需要打"组合拳"。

（2）"微课"与 E-learning、视频学习同属于远程学习的范畴，与之相对的是"面授"学习，与"面授"的本质不同在于"师生分离"，因此不能说面授课程拆分了就可以叫作"微课"，至少不是主流意义上的"微课"。

（3）"微课"与 E-learning、视频学习的区别在于，微课能够"随时随地、按需学习"，学员的自主性非常强，对应知识点的颗粒度也非常小。

（4）"微课"与传统的行动学习、教练技术、引导技术是不同的，前者是"学习形式"，后者是"教学方法"；前者是"渠道"，后者是"策略"。

（5）"微课"不是终结者，但也不会很快被终结，会有新技术让学习形式变得更好，但只要移动互联网仍在生活中广泛应用，"微课"就会在学习中占有重要地位。

（6）"微课"不是万能的，作为一种学习形式，符合微课特点的应用意味着能够创造更大的价值。

上述这些结论也一并回答了之前我们提出的问题。

1.2　三种类型：按需选择，能抓耗子是好猫

如果你是第一次做微课，最大的挑战可能不是来自你工作经验或者制作技术的欠缺，而是来自你对微课的不了解。

这好比你只是听说过汽车的概念，就有人要求你造一辆汽车，接到这样的任务，多多少少会有些迷茫或者恐慌。

那么，我们该如何快速上手呢？想要造一辆汽车，最快的方式是先了解汽车的分类，再找到与你要造的汽车同类型的一辆车，拆开看看，或许你的思路就清晰了。

做微课，先要了解微课的分类。那么，微课可以如何分类呢？我们先来看四个场景。

场景一：使用动画制作软件设计呈现公司的产品介绍，配上合适的文字、图片、语音，生成一段动画视频，发送给一线员工学习。这是否是一门微课呢？

内容来源于实际工作，切实解决业务问题，使用动画呈现，吸引受众，生动易懂，这当然是一门微课。

场景二：把中央电视台《今日说法》的一期节目通过智能手机传递给需要了解法律知识的员工观看。这是否是一门微课呢？

用十几分钟时间，传递一些法律案件，总结一类法律知识，又是通过移动互联网传播的，这似乎太符合微课的规则了，没什么不妥当的。

场景三：新来的同事不会使用OA办公系统，我通过录屏软件把操作过程录下来，并配上语音和文字提醒，上传到微课平台，供新同事通过微课掌握这个操作。这是否是一门微课呢？

内容来源于工作问题，随时随地可观看，很符合微课的形式。

场景四：把工作经验写成文字，配上图片，做成了一篇可以在微信中传播的文章，并使用微信公众号推送给有需要的员工。这是否是一门微课呢？

三五分钟阅读完，传递一些工作经验，使用图片为素材方便阅读，微信传播快速方便，似乎很难找到它不是微课的理由。

所以，上述四个场景，虽然分别是动画、录像、录屏、图文等不同形式（如图1-3所示），但实际上都属于微课的范畴。

图1-3 四种场景用到的不同形式

对于面授、E-learning和微课来说，变化的是形式，不变的是内容。使用移动互联网传递学习资源，我们都可以广泛地称之为微课。

从技术角度，微课可以分为三种类型：动画微课、实景微课、单模微课，如图1-4所示。

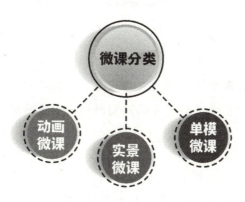

图1-4 微课的三种类型

1. 动画微课

简单说，动画微课就是使用动画软件制作的微课，也可以称为虚拟型微课。例如，使用 Flash、After Effects、Premiere、Prezi、PowerPoint 等重量级软件，或者 Focusky、万彩、来画、皮影客等轻量级软件。同时，像易企秀、来做课等平台制作的 H5 页面微课大多也属于动画微课的范畴。

几乎所有微课主题都可以选动画微课，无论是讲概念、原理，还是讲流程、技巧，都可以使用动画形式呈现，所以动画微课是名副其实的万能微课。

动画微课在企业应用时，最大的痛点莫过于需要投入大量精力，时间成本最为昂贵，动画制作通常是微课制作时最大的"时间黑洞"。

2. 实景微课

简单说，实景微课就是使用摄像机拍摄真人或情景的微课，也可以称为拍摄型微课。实景微课通常可以再细分为三种：其一是场景式，即直接拍摄工作中的真实场景；其二是情景剧，即模拟实际的真实场景而拍摄的情景视频；其三是演讲式，拍摄模拟演讲或者老师授课模式的教学视频。同时，操作录屏类的微课通常也可以归为拍摄型微课的范畴。

实景微课是"性价比"最高的微课，微课效果更真实、生动，更接近在岗培训或面授培训，同时制作的时间成本更低，拍摄视频显然要比制作动画高效得多。

实景微课尤其适用于操作类、涉及与人沟通的课程。例如，教银行柜员如何点钞更快速，或者教客服人员处理客户投诉，都很适合使用拍摄的方式制作微课。当然，像一般的概念、原理等认知型课程，实景微课就可能不是最佳的选择了。

3. 单模微课

简单说，单模微课就是单一模式传递信息的微课，如单纯的图文、图片、文字、语音等。

由于传递信息的形式单一，单纯的图文、语音等微课形式通常只能讲授较简单的内容。实际上制作一门高质量的单模微课并不是一件很容易的事儿。因此,单模微课在企业中的应用越来越少,只在内容简单到实在没必要做视频微课,或者因软件操作基础非常薄弱而无法完成视频微课制作的情况下,才会考虑。当然,只要把图文、语音组合起来,其实就是一门简单的动画微课了。

表 1-2 所示为以上三种微课类型的对比。

表 1-2　三种微课类型的对比

三种形式	具体方式	特点与应用
动画微课 (虚拟型微课)	√ 综合动画软件（PPT/Flash/AE 等） √ 单一动画软件（手绘/漫画等） √ 简单在线工具（易企秀等）	• 万能形式,任何微课都可以用这种形式制作 • 成本相对高,耗费时间
实景微课 (拍摄型微课)	√ 场景式 √ 情景剧 √ 演讲式	• 尤其适合涉及与人沟通的课程、操作类课程 • 易于操作,"性价比"高
单模微课	√ 图文 √ 语音 √ 文字	• 适合简单的、信息量小的内容 • 操作相对容易

以上三种微课类型在企业应用中同时存在。微课的多样类型既有助于我们找到与传递内容最匹配的形式,也能让学习者接触丰富多彩的微课。

三种微课类型没有好坏之分。俗话说,合适的就是最好的。除了内容合适以外,还要根据实际情况确定微课类型,操作能力较弱时,尽量避免太过复杂的微课呈现形式。

三种微课类型优先使用"组合设计思路"。在实践中,大多数微课都是以动画微课为基础,插入外部视频素材,例如实景微课所包含的场景式、情景剧、演讲式三种视频素材,或者影视剧片段、手绘动画视频、计算机操作屏幕录制视频等,最后合并生成一段视频微课。我们可以称之为"组合设计思路"(如图 1-5 所示),它能大大提升高质量微课的制作效率。

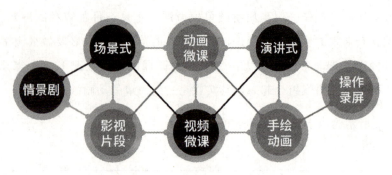

图 1-5　微课的组合设计思路

1.3　四问定题：搞清四个问题，选题才算有效

前面我们已经了解了微课的前世今生、三种类型、五个特点，接下来，我们进入选题阶段，选择一门主题，开始制作微课。

微课制作的时间成本较高，要投入很多精力。

制作微课前一定要精准选题，宁缺毋滥。

确定微课主题后，需要确认四个问题，来判断主题是否合适，我们称之为"四问题，定主题"（如图 1-6 所示）。

图 1-6　四问题，定主题

1. 受众：明确具体优于广泛群体

无论是微课还是传统课程开发，都必须要先明确受众对象。微课好比产品，学员就是客户，如果连客户都不明确，那么做出来的产品一定不是好产品。

只有受众清晰，内容才能明确。受众对象变了，内容往往也要随之变化。

比如，要做一门与投诉处理有关的微课，如果是给新员工讲，那么可以讲投诉处理的流程，因为他们从来没有处理过投诉，所以流程对他们帮助更大。但是，如果换成了老员工，他们更关心的往往不是流程，而是处理疑难投诉的技巧。对于微课这种"自主性"极强的学习资源，学员往往按需学习，这就更需要对象明确。

有时候一门课的确可以供多个群体使用，如产品知识介绍，既可以给业务员看，也可以给客户看。遇到这种情况通常建议先就其中一类对象做第一门微课，完成后再稍加修改就有了针对其他对象的第二门。

2. 价值：解决问题优于知识传播

微课制作的时间成本很高，如果决定做，就一定做有价值的。什么是有价值的微课？

简单讲，"无问题，不微课"，解决工作问题的微课通常都是好课。

例如，为了提高工作效率，可以把一些重复性的工作做成微课；或者，把产品介绍做成微课，以提高与客户之间的沟通效率。再如，为了帮助员工做好营销，可以把陌生拜访的三个技巧做成微课。总之，无论是解决工作问题，还是提高沟通效率，对于你做的这门微课，你一定要说得清楚它的价值。

3. 场景：工作场景优于孤立知识

与传统课程开发不同，微课主题的选择要考虑学习场景，也就是要考虑学员将来会在什么时候搜索并主动打开这门微课。

因为微课的特点就是随时随地、按需学习，学员有非常强的自主权，所以在制作微课前要考虑清楚，将来这门微课会在什么情况下被搜索和学习。

在企业中，生活主题一般都不适合做成微课。例如，做一门关于如何做红烧肉的微课，虽然你对红烧肉的制作过程非常熟悉，内容绝对是干货，但是这门微课可能永远都无法被人看到。因为企业员工一般不会在周末想学习做红烧肉的时候，打开企业微课平台去搜索。所以，好的微课主题要考虑应用场景，而不是想到了什么主题一拍脑袋就去做。

总之，为了保证做好的微课能够有机会传播，请先考虑是否有应用场景，宁缺毋滥。

4. 内容：聚焦主题优于宽泛话题

最后需要思考的问题是：这门微课讲什么？主题窄而深吗？

微课是短小独立的碎片化在线自学资源，用于辅助面授，而非万能的。如果内容不适合做成微课，应该果断地放弃或者调整。

例如，"演讲技巧"这个主题就不太适合做成微课，因为内容太宽泛了，更适合面授培训。如果非要做成微课，可以拆分成"演讲中做好开场白的3个技巧""克服紧张的4个步骤""讲好故事的5个方法"等，每个独立主题都要聚焦在一个具体的问题上。

总之，微课选题要严格把关，宁缺毋滥。

1.4 五个特点：理解特点是精准选题的前提

深入理解微课的特点，对我们做好一门微课特别重要。

企业培训要打"组合拳"，综合运用多种学习形式。一方面要避免微课可以做的事却占用了面授的时间，另一方面也要避免微课做了面授该做的事。使用微课这种学习形式，要遵循它的特点，这样才更容易让教学效果最优化。

鉴于移动互联网传播信息的特点，如果只用一个词来形容微课，"短小精悍"一定是最合适的。这个词又分为两部分，"短小"主要指时间上的短小；"精悍"

主要指内容上的精悍。

微课在企业培训中，具有"应用先行，理论滞后"的特点，也就是先有企业应用这种学习形式，然后才渐渐有了对这种形式的研究。因此，关于企业微课，在早期阶段，能够查阅的资料很少，也没有相对权威的定义。

2015年初，通过对微课的研究，我提出了基于移动互联网学习特点的定义："微课是短小独立的碎片化在线自学资源"。

提出这个定义，主要是为了帮助企业快速理解微课的特点。在这个定义中，包含了企业微课的五个重要特点：短小、独立、碎片化、在线、自学资源，如图1-7所示。

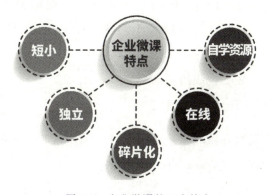

图1-7 企业微课的五个特点

1. 短小：既是特点，又是痛点

微课的"短小"主要是指时间上的短，这既是微课的重要特点，又是无奈的痛点。

时间短其实是个"伪命题"，这与面授培训是一样的，如学员学习动机强、学习目的清、学习环境好、学习状态佳，同时微课内容有效、讲解生动，那么适当多讲一会并不会降低学习质量。

微课的时间长短也受到内容是否有效、设计是否有料、呈现是否有趣等多方面因素影响，不能单一地认为微课一定要长或短。因此，长或短并不是评价微课的唯一标准，或者说不能成为严格的标准。

那么，是否意味着不用考虑微课的时间长短问题呢？

答案是否定的。

"短小"是微课非常重要的特点。微课作为一种在线学习方式，与传统面授的最大区别在于"师生分离"，即做微课的人和看微课的人一般是不在一起的。这虽然是微课的优势，实现了"随时随地、按需学习"，但同时也给予了学习者极强的主动权，"按需学习"意味着他可以只学习他需要的那一个小模块，因此就要求微课在开发时，知识点碎片化。同时，因为各种自身或外界的原因，如注意力的分散、外界突发情况的打扰，学习者可能会中止对微课的学习。综合来看，微课原则上尽量"短小"。

Philip J. Guo、Juho Kim（他们是麻省理工学院的博士）和 Rob Rubin（edX 网站的工程副总裁）联合撰写了名为 *How Video Production Affects Student Engagement：An Empirical Study of MOOC Videos*（《教学视频如何影响学生参与度：对 MOOC 视频的实证研究》）的论文，并在 2014 年 3 月美国计算机协会的大规模学习研讨会上发表。

由于 MIT 在在线教育领域非常专业，加上 edX 是非常著名的慕课网站，该论文研究的视频样本就多达 690 万段。

虽然微课与慕课并不是一样的，但在传播知识时都是以视频为主，都具备在线教育的"师生分离"自学特性，而且现在慕课也趋向"微课化"，越来越短小，因此该论文的结论对微课的研究也有借鉴意义。

这篇论文主要研究以自学视频为基础的学习过程中，什么样的视频更吸引人。论文中有很多结论，其中一张图（图 1-8）讲述了教学视频时长与观看时间之间的关系。

我们常常"幻想"学员会把我们"精心"制作的视频课程看完，这个想法真的有些"天真"了。

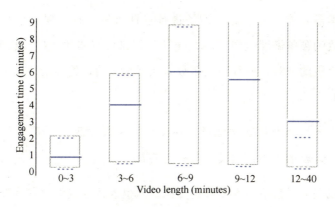

图 1-8 视频时长与学员参与时长关系图

注：1. 图片来源于 *How Video Production Affects Student Engagement：An Empirical Study of MOOC Videos*。

2. 纵坐标 Engagement time（minutes）：学生参与时长（分钟）。

3. 横坐标 Video length（minutes）：视频长度（分钟）。

4. 中间实线为中位值，上下虚线分别为 25%、75% 百分比线。

论文的结论是，很多人会在观看视频的中间就关闭。比如，3 分钟以内的视频平均 1 分钟左右就会被关闭，3～6 分钟的视频 4 分钟左右就会被关闭，6～9 分钟的视频 6 分钟左右就会被关闭，9～12 分钟的视频 5 分钟左右就会被关闭，超过 12 分钟的视频反而更快就会被关闭。

实验数据可能是相对的，但是至少告诉我们一个结论：通过视频自学的方式，学员能够投入的持续注意力时长非常短。

导致这个问题的原因一定是多方面的，但给我们的结论却是统一的：微课最好短一点。

那么，多短合适呢？在过去的咨询项目中，我通常建议以 4～6 分钟为参考值，一般不超过 7 分钟。或者说遵循二八原则，企业 80% 的微课应该在 7 分钟以内。

不仅论文中的结论如此，从 2014 年到现在的一线教学中，我也深有感触。

例如，在"七步入微"课堂上，学员会提交一份独立完成的微课视频作业，我会播放给学员观看，并以此为例子进行点评讲解。我发现一个很有意思的现象，假如播放的视频微课达到了八九分钟，其间会有非常多的人出现窃窃私语、走神、把弄手机的现象，而且绝大多数人在看完之后，给出的反馈是太长了，最好再精简一些。

后来，我还特意做过几次测试，在播放完视频微课后，请学员猜测时间长度，几乎所有人猜的时间都比其真实时间要长一些。

这些实践经验虽然没有太多理论支撑，但也能佐证我们之前的观点，微课要短小，建议 4~6 分钟，一般不超过 7 分钟。

那么，如果要做的微课主题非常大，一定会超过 7 分钟，怎么办呢？

首先，7 分钟不是一个绝对的值，也不是一个必须达到的标准，而是一个参考建议。如果内容确实需要，可以保证学员能独立学习完毕，超过 7 分钟当然也没有任何问题。

其次，内容太多可以考虑拆分成更小的独立单元。例如，"演讲技巧"这个主题很大，但是它可以拆分成若干小的单元，每个小的单元都可以是一个独立的微课主题。

最后，我们还需要理性地看待微课的特点。与传统的面授、E-learning 相比较，微课并不是一种完全独立的学习形式，而是一种补充、辅助面授，拥有独特优势的学习形式。这一点需要特别注意，微课不是唯一的选择，如果拟开发的课程主题太大或内容太多，需要考虑选择微课这种形式是否合适，是否应该使用面授、E-learning 等其他形式。

2. 独立：单一主题，易于传播

微课的独立特点指的是一门微课要聚焦于单一问题。单一问题并非指"微课就是一个最小的知识点（我对该观点并不认可，因为知识点是无法界定大与小的）"，而是表示内容主题方向要聚焦，即窄而深。

例如，"企业文化"这个主题可以做成 1 分钟、5 分钟、10 分钟的微课，也可以做成 3 小时的视频内容。只要微课内容主题方向是聚焦的，我认为就可以做成一门微课。

再如，"情绪与压力管理"这个主题也很宽泛，不够聚焦。如果把主题细化到"释放压力的 4 个技巧"，则会更符合微课的特点。

微课聚焦于一个单一主题，与碎片化学习的"目的性"强有关。表面看来碎片化学习具有较强的"随意性"，实际上因为我们每天都生活在信息过载的状态中，碎片化学习有更强的自主性，所以其"目的性"也更强。

学员观看微课时，通常是带着需求来的。单一、聚焦的内容主题会更符合这种学习特点。

换个角度再来理解。我们用发展的眼光看，经过几年努力，企业已经搭建起微课平台。员工会在什么情况下看微课呢？大多数情况是"搜索式学习"，即员工自己在工作中遇到了问题，通过在微课平台搜索的方式获取答案与方法。从这个角度来说，单一主题的微课也更匹配这种应用场景。

事实上，设计微课的第一步就是确定微课主题，而微课主题的确定需要考虑未来学员在什么情况下会学习这门微课，有了学习微课的场景，更能体现微课的价值。

3. 碎片化：环境碎片，内容系统

微课短小与独立这两个特征都是由另一个特征所引起的，即"碎片化"。

微课的优势恰恰是可以利用碎片化时间来学习，能够满足随时随地、按需学习的需求。

但是，碎片化这个词似乎不只是个褒义词，从 2017 年开始，有不少人站出来说"碎片化学习"正在毁灭一代人。

我对此观点并不赞同，原因有三。

第一，碎片化是无法回避的。

人的学习本身就是一个从碎片到系统的过程,我们所学到的大多数内容都是从碎片的状态不断归纳总结出来的。

移动互联网时代,我们习惯了多线程处理任务,时间也因此被分割成若干碎片。这些时间可以用来干别的事,当然也可以用来学习。

第二,环境碎片与内容无关。

学习环境的碎片化和内容不够系统,是两件关联不大的事情。举个例子,参加 3 天封闭式集中培训学习如何做微课,是系统学习还是碎片化学习?

表面看起来,参加三天培训当然是系统的,但事实是能否学得系统更多的是取决于课程内容设计者。如果内容设计是碎片化的,毫无逻辑,那么无论怎么做,都很难学得好。

反过来,企业来了新人,希望他快速了解公司的业务,你精心设计了 8 门微课,循序渐进地介绍了公司的关键业务。

作为企业新人,每天利用早上刷牙的时间,学一个业务知识点,8 天后就都学完了。那这是碎片化学习还是系统学习?这不取决于学习者,而是取决于内容的设计者。

第三,碎片化学习满足真实需求。

以前,很多人都认为学习应该是全面地学,近些年越来越多的人开始意识到学员需要的或许只是其中的"一点点",而且每个人的"一点点"可能是不一样的。

我在中国政法大学商学院读书时写过一篇论文,讲述"JIT 教育模式的应用"。JIT 是 Just In Time 的缩写,最初是丰田汽车在 20 世纪中叶推行的一种生产模式,可以简单地理解为"只在需要的时候,按需要的量,生产所需的产品"。

企业的人才培养从根本上讲类似于生产,只不过生产的是人力资本而非汽车。20 世纪末美国开始推广 JIT 教育模式,强调只在学员需要的时候、在需要学习的地方、提供当前需要的知识内容。但这种模式并没有大规模应用落地,一个很重要的原因是技术上无法实现。现在，微课能够帮助企业落地这种学习模式。

所以，碎片化学习可能更加符合企业员工基于问题、解决问题的学习要求，尤其是微课与面授的结合，将会让培训更加有效。

以上三个观点，可以解释我为什么认可碎片化学习。

碎片化学习如果建立在系统性设计的基础上，会产生更大的价值。

举个例子，某企业在设计一个新晋主管的培训项目，因为业务条线主管工作繁忙，难以保证长时间集中培训，而且新晋主管来自全国各地，多频次、分阶段培训意味着成本大增。

后来，培训部负责人决定运用混合式学习的设计思路，将微课与面授结合起来。

他们先把原本面授培训要讲授的知识点进行细致的分析研究，分为以下四类：

A. 通过自学可掌握的独立知识点；

B. 必须通过面授训练，学员进行反馈的关键知识点；

C. 关键知识点中需要提前预习的前置知识点；

D. 学员可能一次掌握不了的重点和难点。

接下来他们重新规划了整个项目进程，如图1-9所示。

第一阶段，面授课前2周，学员按进度远程自学包含A类知识点的微课，并进行测试；

第二阶段，面授课前3天学员远程自学C类前置知识点，并完成作业反馈；

第三阶段，学员参加与前两阶段衔接的面授培训，掌握B类知识点；

第四阶段，课后1周学员按计划完成D类知识点，确定已掌握重点和难点，并完成作业反馈。

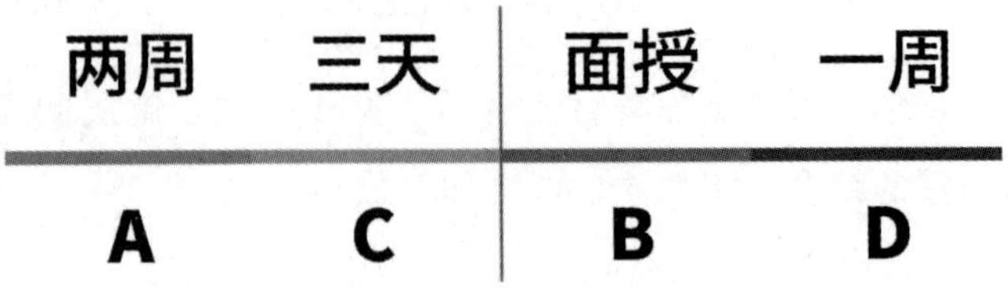

```
两周    三天  │ 面授    一周
─────────────┼─────────────
  A      C  │  B      D
```

图1-9 项目进程规划示意图

有了整体、系统的规划,项目将会变得更加高效。而项目的每个阶段也需要系统的规划,比如对于A类知识点,先讲哪些,如何设计练习,前后如何衔接等。

所以,环境碎片,内容系统,碎片化学习需要建立在系统性设计之上。

同时还需要注意,微课不是万能的,对于特别难的,或者需要仔细分析、深入思考的知识点,仍建议以面授为主、微课为辅,珠联璧合,提高成效。

4. 在线:移动互联,独特设计

微课是在移动互联网上通过智能手机等终端设备传播的学习资源,必须考虑移动互联网的特性。

在内容上,应该做到通俗易懂,快学、快会。在呈现上,制作微课时要考虑在手机上呈现的效果。

例如,在计算机上做幻灯片时,28号字可以作为标题字,但是在手机上,视频一压缩,28号字可能就看不清了。

再如,微课最好添加字幕,微课视频要进行压缩,这都是由微课的这个特点决定的。

5. 自学资源:自学传播,脚本关键

微课区别于传统面授最核心的特征就是"师生分离",这意味着学员学习自主性变强,无法获得即时、个性的解答,且易被外界干扰。

由于微课的这个特点,微课的脚本设计就变得非常重要了。所谓微课脚本,就是将微课内容有效呈现出来的教学设计。脚本设计得好，意味着学员能够真正听懂、记牢微课内容。

反之，没有好的脚本设计，再好的内容也很难被传播出去。

举个例子，在传统面授中提倡使用体验式教学，即让学员先阅读某个教学素材，然后通过总结的方式获得知识点。

但是在微课中，这种方式未必有效，因为微课是"自学"的，所以如果绕个大圈子最后得到结论，可能圈子还没绕完，学员就已经关闭课程了。

因此，微课的脚本设计要充分考虑微课的特点。

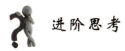进阶思考

1.5　整体流程：微课是如何炼成的?

从零开始做微课，要经历七个步骤，如图 1-10 所示，"七步入微"的"七"就来自这儿。本节内容需要串联本书前后章节内容，部分词汇为后续章节才会讲解的新内容，在阅读本节内容时可以先粗读，在完成全部章节阅读后，再返回来阅读理解微课的整体制作流程。

图 1-10　"七步入微"微课程设计与开发整体流程图

下面我们来解读每个步骤的要点。

1. 选题：系统视角，读懂微课

很多人会纠结微课的选题，其实微课选题不难，之所以纠结是因为对微课不了解。当我们深入了解了微课的前世今生与特点（参考1.1节解读微课：为什么知名企业都在做微课？）、微课的三种类型（参考1.2节三种类型：按需选择，能抓耗子是好猫）、微课的多重应用维度（参考1.6节应用案例：为什么一线业务部门争着做微课？）后，就了解了微课在企业培训与学习中的地位，也就不再纠结微课选题了。

检验选题是否清晰、准确的方法是按照1.3节"四问定题：搞清四个问题，选题才算有效"所讲的四个问题，反思这门课程是否适合做成微课。

2. 精析：庖丁解牛，理顺思路

我们对微课有了一定的了解，那么做微课该从哪儿入手呢？

要"从外到内"了解微课的制作要点。

"从外"，即外在呈现，指的是微课制作层面的构成要素，例如，页面如何设计，声音如何处理，如果是图文微课还要了解版面布局的大致要点等。

"到内"，即内在内容，指的是微课脚本层面的框架结构，例如微课内容的整体框架、常用的设计思路等。

这里需要注意的是，实际上，制作微课是先选题、搭框架，也就是从脚本开始的（即刚才讲的"内"）。但如果你是第一次做微课，对微课还没有整体的认识，也不知道做完的微课是什么样子的，就会影响进度。所以第一次做微课，需要先了解好的微课的外在呈现是什么样的（即刚才讲的"外"），再回到选题、搭建框架、脚本写作，这样质量和效率都会提高很多。

本书对微课制作呈现的要点进行了分析（参考6.1节庖丁解牛：详细剖析微课的构成元素），那么应该怎么理顺思路呢？本书提炼了简单易懂的"瞄准—射击—补刀"框架模型（参考2.1节科学进程：不会设计结构，谈什么开发脚本？和2.2节三步框架：巧用"瞄准—射击—补刀"速定微课脚本框架）。

3. 深萃：提炼内容，萃取干货

微课怎么做才算是干货满满？我们按照新知性、经验化、有提炼、颗粒小四个原则进行提炼（参考3.1节明确主线：所谓逻辑清晰，就是主线明确和3.2节内容为王：即使再好的呈现，也要"干货"做前提），就有了微课的主要内容。

4. 细琢：精雕脚本，细致设计

好的微课不能仅仅有"干货"，还要有好的表达方式。好的表达方式才能让"干货"容易理解，并且易于记忆。所以，要继续对自己的微课脚本精雕细琢。

一方面，应该让微课脚本尽量形象，如用举例子、讲故事、用图片、打比方等方法，常用的方法有九种（参考4.1节九宫配料：三行三列九素材，一"近"一"多"两原则和4.2节形象表达：没有素材的微课，就是一碗"水煮面"）。

另一方面，还应该让微课脚本内容易于记忆。加深记忆可以用到3个技巧：卖个关子、激活旧知、设计练习（参考4.3节引导参与：巧设问题，你需要掌握四个技巧和4.4节牢固记忆：让学员印象深刻的三个方法）。

5. 妙笔：形象表达，脚本生花

接下来要开始写脚本了。基于以往的经验，我总结了三个步骤，可以帮你快速完成微课脚本的写作。写脚本的三个步骤可以参考5.1节"快速成稿：高效写作旁白脚本，前人经验分成三步"。除了文字脚本（如图1-11所示），建议再画一张草图（如图1-12所示）。草图的作用有两个，一个是可以梳理思路，另一个是可以确定微课要用的素材，这样在后面要搜索素材时，会更快速高效。

6. 良工：微课速成，高效精良

下面就可以开始制作微课了。微课的制作是个慢工细活，常常需要花很长的时间才完成。这是正常的。但我们也应该想办法提高微课制作效率。我的建议是：先完成简易微课，再慢慢雕琢细节。所以在制作时，建议首先完成一个最简单的微课，关于这个过程，可参考 6.2 节“制作步骤：七个步骤，速成视频微课（标准版）”或 6.3 节“微课速成：七个步骤，速成视频微课（极简版）”，后面有详细介绍，此处不展开。

微课脚本（文字稿）

【瞄准】-情景法、问题法

你有没有遇到过这样的情况？你正在准备第二天会议的演讲稿时，一位朋友的电话打进来，你不得不假装同时也听他在电话中抱怨，然后，时不时的吃两口桌上已经快冷掉的午饭，这时一封邮件从笔记本屏幕上弹出来，你顺手点开，居然是个段子，你努力忍住不让朋友听出你在笑，关掉邮件，回到明天的演讲稿，脑子一片空白，然后，又喝了一口汤……

我们常常梦想：我要是有三头六臂就好了。或者：我要是像电脑一样，能多任务处理就好了。人真的可以三头六臂吗？真的可以多任务处理吗？

【射击】

【结构选择】完全陌生——What、Why、How

【What】

下面，我给你介绍一个好方法：“番茄工作法”。在时间管理领域，“番茄工作法”可是大名鼎鼎、无人不知、简单有效的好工具。

【Why】

“番茄工作法”为何有效呢？这跟人类大脑的思考方式有关系。

【预习/借助学员已知信息】

1、单个任务：大脑不擅长同时思考多件事情

我们先来说说电脑。如果你学过《计算机原理》就会知道，电脑的多任务，其实是通过把 CPU 切成足够小的切片，然后供大家足够快地轮流使用而已。也就是说，**所谓的多任务就是高速切换的单任务**。【素材-打比方/数据】比如现在你用的这台笔记本电脑，它把 1 秒钟切成了 22 亿份，没错，22“亿”份，供各个软件轮流使用，切换速度快到你完全感觉不出来。

那人脑呢？人脑中有一个叫“丘脑网状核（TRN）”的组织，扮演着和电脑一样的“任务切换机”的作用。【素材-打比方】

但是，人脑“任务切换”的效率远不如电脑。例如，你正在非常专心地做一件事，突然被一个电话打断，就算这个电话只接了 1 分

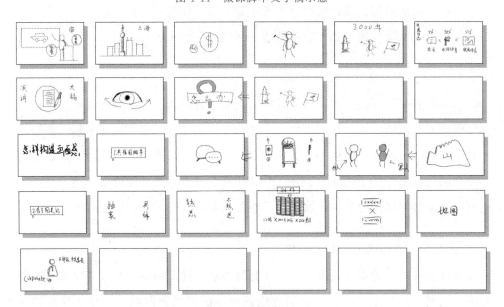

图 1-11 微课脚本文字稿示意

图 1-12 微课脚本草图示意

7. 巧匠：专业进阶，技巧精巧

最后，进行精细化设计，主要是指对生成视频的剪辑优化，使用机器人合成音替换自己的声音，添加更多贴图特效，添加背景音乐和音效，以及最后添加字幕。至此，一个微课就制作完成了。

1.6 应用案例：为什么一线业务部门争着做微课？

2014年至今，我去过几百家企业，帮助他们实现微课在一线的落地。在这期间，我细致地分析了不同企业开发微课的偏好，理解了一线对微课的真实需求，也渐渐感受到了微课的极大魅力，即无所不在的应用。这让我突然意识到，微课已经不再只是一门课了，而是一种新的信息交流工具。

下面，分享两个真实案例，看看他们为什么要做微课。

案例1：聪明的女学员

2015年上半年，我在一家企业上课，有次上课一位女学员迟到了。课间，她过来找我说，"我们领导不让我来，可是我非要来。单位开着会呢，我偷偷跑过来的，所以迟到了。"

我一听这话特别开心，因为遇到了"铁忠粉"，于是我跟她多聊了几句。

我了解到她是财务部的，我问她为什么非得来学微课。

她跟我卖了个关子，问我说，"你知道我每天百分之六七十的时间都在干什么吗？"

我从来没有做过财务工作，所以我从一个旁观者的角度，回答她说："应该是贴发票、作报表吧？"

她听完笑了，说："这是我的本职工作，但我每天只有快到下班儿的时候才有空做这些。"我当时特别诧异，于是追问她大部分工作时间都干什么了。

她笑了笑说："我大多数时间都在接电话。"

她继续跟我解释，一些其他部门的同事遇到财务相关的问题都会打电话来咨询。但实际上他们问的问题归纳起来就那么四五个，一只手都数得过来。

比如，新上线的财务系统怎么登录？新版发票如何查真伪？报销材料为什么被退回来了？报销流程走到哪儿了？

每天忙于回答这些问题，她觉得自己变成了一个客服人员，变成了一个接线员。

她接着跟我说："我想把同事们经常遇到的几个问题做成微课，谁再打电话问我，就跟他说，这个问题在电话里一两句话说不清楚，我专门做了一个 3 分钟的简短视频，你先看一看，要是有什么不明白的再来找我。"她接着笑着说，"要是遇上人比较多的部门，我再顺便跟他推销下，请他把微课转发到部门群，或者转给有需要的同事。"

我听到这儿，感觉眼前的这位学员真是聪明，因为她懂得运用微课来解决自己的问题。

微课已经不只是一门课，而是沟通提效的工具。

案例 2：睿智的业务主管

2015 年上半年，一家银行的支行网点（属于企业架构中最末梢的那个业务团队）要做微课培训。我有些诧异，因为当时做微课项目的都是总部级企业，很少有分公司或者一线业务团队做微课。我觉得这个项目有些与众不同，于是专门跟客户进行了电话交流。

客户非常直接地告诉我，"我们是个一线业务团队，最重要的是要做好业务，做好客户营销。现在的客户电话不接、短信不看，客户维护越来越难。我们想尝试把客户关心的问题做成微课。比如，如何理财，如何进行家庭资产配置，如何购置商业保险，如何送孩子出国留学，什么是基金定投等。我们不再向客户推销产品，而是送知识给客户，变'叫他买'为'教他买'，我把这个叫作'知识营销'。"

我觉得这位业务主管非常睿智,他想到了用微课来解决自己团队的问题。对我来说,这位客户对我的启发是微课并不一定只讲给内部员工听,也可以给客户听,这会让微课更直接地应用于一线业务。

像这样的案例,我遇到过很多。只有从一线应用中,我们才能够找到微课的真正价值。

微课天生拥有"草根"的属性。微课与 E-learning 同属在线学习,但是似乎 E-learning 高高在上,而微课非常亲民。面授与 E-learning 一样,学习内容的确定更多来自学员的上级主管或人力资源部,也就是说别人认为你需要学,所以给你安排了这样的培训内容。本质上,这是一种自上而下的内容设计思路。

但微课是不同的。微课的主题与内容的确定更多来自一线,直接取自业务痛点,直接解决业务问题,正像之前所讲的"从业务中来,到业务中去"。

所以在本质上,微课采用的是一种自下而上为主、上下结合的内容设计思路。

企业制作微课的初衷是解决培训问题,但现在微课已经成为"优化沟通"的工具。不管怎样,只要对日常工作有帮助,就值得尝试做一次微课。

实操练习

1.1 解读微课:为什么知名企业都在做微课?

- 请从"学习进化论"的角度,描述微课与面授、E-learning 等学习形式的区别。

1.2 三种类型:按需选择,能抓耗子是好猫

- 请描述三种微课类型各自的特点。

1.3 四问定题：搞清四个问题，选题才算有效

- 请确定一个你要开发的微课主题，并按照"四问定题"界定你的微课主题。

  （该问题在书中没有明确答案，如果你需要帮助，可以在混合学习实验室公众号或者答疑邮箱寻求"七步入微"在线顾问的帮助。后面章节的题目亦如此。）

1.4 五个特点：理解特点是精准选题的前提

- 请各用一句话描述微课的 5 个特点。

1.5 整体流程：微课是如何炼成的？

- 请回顾制作微课的"七个步骤"。（该问题在本节仅做概括性介绍，从本书第 2 章开始，即是对本部分的细致解读。）

1.6 应用案例：为什么一线业务部门争着做微课？

- 请列举 3 个可以通过微课来解决的问题。这 3 个问题应该包含：

  ① 微课促进学习；

  ② 微课促进沟通；

  ③ 微课超越"课程"本身，成为传递信息的渠道。

第 2 章　精析：规划结构 理顺思路

基础阅读

2.1　科学进程：不会设计结构，谈什么开发脚本？

关于微课的整体框架，我们借助一个经典案例进行解读。

微课题目：《简单的抱法》

微课时长：4 分钟

受众对象：年轻的儿科大夫

这个案例既有趣又典型，描述了一位老医生向新医生分享工作经验的过程。虽然发生在医院，但是这与一般企业的老员工向新员工分享工作经验的过程类似。

讲课的老医生是一家医院资深的儿科医生，微课受众对象是年轻的儿科医生。为什么要制作这门微课呢？因为家长带孩子到医院看病时，孩子常常在哭闹，医生跟家长之间就很难进行有效的信息交流，所以医生需要安抚孩子，尽快让孩子安静下来。但这对于年轻的儿科医生来说是比较困难的，因此这位老医生就结合自己的工作经验，总结了一套能够迅速让孩子安静下来的方法，如图 2-1 所示。

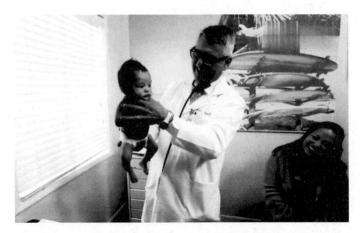

图 2-1 "简单的抱法"视频截图

下面,请你带着下面两个问题观看微课。

问题 1:这门微课的具体知识点是什么?

问题 2:老医生用到了哪些具体方法,以保证年轻的儿科医生对具体知识点能够听得懂、记得牢?

> 请在"混合学习实验室"公众号回复关键词"简单的抱法",获取此视频播放链接。

因为这个案例会贯穿本章,为了方便查阅,我们整理了视频的文字稿(已翻译成中文,但文字稿无法替代视频本身,请先观看视频),供后续参考。

哈喽,各位朋友,又是美好的一天。

我是巴比·汉密尔顿,作为一名儿科医生已经近 30 年的时间了,我人生最大的喜悦是有幸能照顾将近 1 000 名新生儿。而儿科医生经常会面临的挑战是:如何在宝宝大声哭闹的情况下,清楚且准确地将资讯传递给他的父母。

多年来,我都会利用一种特别的"抱法",有效地稳定宝宝的情绪,并让他们停止哭闹。今天我要为大家示范详细的做法。这是一种"简单的抱法",大家都学得会。跟我一起前往本诊所的咨询室,让我来为大家示范。

这里有个正在哭闹的小宝宝，刚打完预防针，他叫艾希顿。接下来我们要这样做，先把艾希顿抱起来，像这样把他的右手拉过来，左手也固定在身体前方，然后轻轻地把他的双手像这样按住，托住他的屁股，然后轻轻地上下摇动，像这样。他刚打完预防针，看看他的腿上贴了一个创可贴。大家可以看到，这能让他安静下来并停止哭闹，我用我的右手托住他的小屁股，轻轻地将他前后摇动，上下摇动，动作一定要轻，有时候可以往左边转一下，然后往右边转一下，所以又是乖宝宝一个。

　　这里又有另外一个正在哭闹的小宝宝，他也刚打完针，我先把这个小家伙抱起来，然后同样的，我把他的右手与左手交叉放在身体前方，我抱着他，托着他的小屁股，然后轻轻地上下摇动，保持45°倾斜，大家可以看到他马上就安静下来了，真是个乖宝宝。我像这样摇晃他的小屁股，轻轻地摇动他，所有的动作都要轻轻地，切记不要有太猛烈的动作，用你手掌肉比较多的部位来抱小宝宝，也就是你的指腹。同时我托着他的下巴，他会把头往上抬，这也是为什么要保持45°的倾斜而不要直直的，因为这样他没空间，头向后仰也会导致你没办法好好抱着小宝宝。然后大家可以看到我用手指靠着他的下巴，大家看看，他是一个安静的乖宝宝，即使他刚打完针，但是这真的不难呀。

　　汉密尔顿医生，这个我也学得会，这是个乖宝宝。

　　以上就是我的示范，刚才我们遇到了几个可爱的宝宝以及他们的妈妈。我归纳四个重点作为总结：第一点，将宝宝的双手在胸前交叉；第二点，温柔地将双手固定住；第三点，用惯用手轻轻地托住尿不湿包裹的区域；第四点，保持45°倾斜并轻轻地上下摇动宝宝，你可以摇一下他的小屁股，基本上通过这样的动作都能让小宝宝安静下来。

　　最后，如果你的宝宝没有停止哭闹，那有两种可能：或许你的宝宝身体不舒服、生病了，或许你的宝宝饿了。我发现这个办法对于两到三个月的新生儿很有效，但在这之后你的宝宝会变得很重，也会很难再用这样的方法抱宝宝。所以希望这个方法能帮到大家，谢谢大家的收看，祝大家一切平安。

　　下面，我们来分析这门视频微课的整体框架。

整体框架分为三部分：前面导入，中间讲解，最后总结，如图 2-2 所示。

图 2-2 微课整体框架示意图

1. 激活动机（导入）

该课程一开始并没有直接讲具体知识点，而是用了 40 秒做铺垫。更具体一点，前 20 秒是自我介绍，后 20 秒是引出问题。

自我介绍重点强调了两个数字信息，分别是：工作近 30 年，抱过近 1 000 个孩子。这让我们迅速感受到老医生很专业、很厉害，我们对他的教学内容也会更加信任。

引出问题时老医生用的是情景法，描述了年轻的儿科医生在工作中会遇到的挑战，即问题、困惑、麻烦事儿。这些挑战别人搞不定，但是老医生却有"独门秘籍"。学员看到这儿，自然而然就能感受到接下来的内容是有价值的，值得一学。

2. 传递知识（讲解）

传递知识就是中间要讲解具体内容的部分，主要关注两个维度，其一是具体知识点是什么，其二是为了学员能够听懂、记牢而设计的具体教学方法。

先看具体知识点，如图 2-3 所示。

我们再看具体的教学方法。评价一门微课好不好，不仅要看知识点是否有价值，还要看知识点能否有效地传递到学员脑子里。

微课的知识点如果只是照本宣科念出来，学员不易理解，更谈不上记忆，知识点传递不到学员脑子里。

本案例中老医生分别用了以下方法，帮助学员理解和记忆。

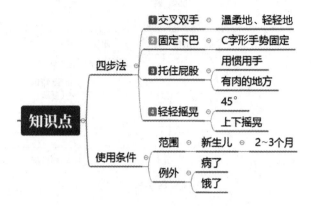

图 2-3 "简单的抱法"详细知识点思维导图

（1）使用示范法，让学员听得懂。

（2）使用重复法，让学员记得牢。当然，听得懂，自然才能记得牢。

此外，有效提炼知识点是听懂、记牢的前提。例如，如果不是提炼了逻辑清晰的四个步骤，或者是提炼了十个步骤而不是四个步骤，学员就很难记住这些内容。

3. 回归目标（总结）

最后，老医生用简洁的语言对知识点进行总结，巩固记忆。

如图 2-4 所示，为了更好地解读微课脚本框架，我在面授班培训时常常会画一张"乌龟图"，帮助学员快速理解"简单的抱法"这门微课的完整演绎过程。这样，即便是第一次做微课，也能非常容易地理解微课的脚本框架。

> 请在"混合学习实验室"公众号回复关键词"乌龟图"，获得这个案例的视频分析过程。

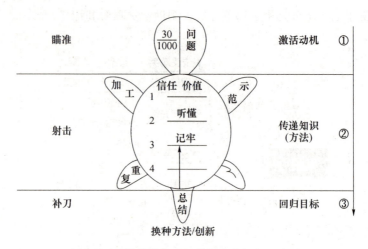

图 2-4 "简单的抱法"微课脚本框架示意图

(图片来源:七步入微培训课堂板书)

2.2 三步框架:巧用"瞄准—射击—补刀"速定微课脚本框架

2.1节通过"简单的抱法"视频微课案例,总结了微课脚本框架的三部分(如图 2-5 所示)。

图 2-5 微课脚本框架图

激活动机、传递知识、回归目标属于教学设计里比较专业的术语,非专业人员快速理解和牢固记忆可能并不容易。因此,我常常用类比法讲解微课脚本框架的三部分。

教学过程跟对敌作战有点相似。教学就是要把老师已经准备好的知识点,传递到学员的大脑中。真的传过去了,才算教学有效。而对敌作战是把子弹送到敌人的身体里，打中敌人才算有效。所以，这两者在本质上都是传递东西的过程。

为了保证子弹利用率最高，我们端起枪当然是要先"瞄准"，这就像是俗话所说的"磨刀不误砍柴工"。然后是"射击"，要考虑用什么枪打，而枪是传递知识的工具。在教学设计时，所选用的教学方法就是我们的工具。最后是"补刀"，即再来一刀的意思。任何一门微课都有教学目标，用"补刀"来类比"回归目标"。之所以是"补刀"而不是"补枪"，是因为在微课快结束时，换一种方法进行知识点的重现会比单纯的重复描述更有效。关于这个问题，2.4节"回归目标：你做过的总结，也许都是错的"会有更详细的讲解。

"瞄准—射击—补刀"是为了帮助初学者快速理解微课脚本框架而设计的模型，如图2-6所示。"瞄准—射击—补刀"也算是一个万能模型，因为几乎所有的微课都可以套用。别看这个模型非常简单，实际上跟传统的经典教学设计理论是一致的。

图2-6 微课脚本框架图（类比）

在教学设计领域有很多非常著名的模型，如加涅的"九步教学法"、梅里尔的"五星教学法"、波曼的"4C教学法"等。这些教学设计模型都很经典、权威，但应用到微课时又多少有点"水土不服"，尤其是对企业中非教学设计专业的人来说有些复杂，而且毕竟这些模型的设计初衷并不是基于微课的。

前人的思考，我们的阶梯。我在这些前辈的教学设计经典理论基础上，简化、提炼出的"瞄准—射击—补刀"模型背后的依据依然是经典理论。

加涅的"九步教学法"将教学过程分为九个步骤，分别是引起注意、呈现目标、回忆旧知、呈现新知、易懂易记、引出练习、提供反馈、检验测试、保持迁移。梅里尔的"五星教学法"也叫"首要教学原理",这是近 20 年广受欢迎的一种教学理论,将教学过程分成了五步,分别是聚焦问题、激活旧知、论证新知、应用新知、融会贯通。还有一些其他的教学设计模型,如波曼的"4C 教学法"等。

在对十几种经典教学模型进行细致分析后,我们惊奇地发现很多教学方法都是相通的。如图 2-7 所示,我们找到教学方法之间的部分规律,即大致都可以分为"开始导入""中间讲解""最后总结"三个模块。我用两个箭头把不同模型之间的关联呈现出来。

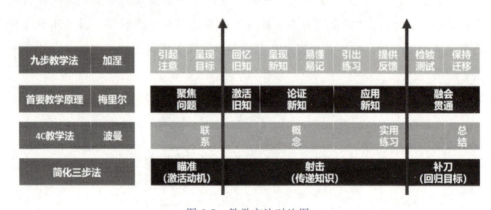

图 2-7 教学方法对比图

因此,"瞄准—射击—补刀"是基于科学教学理论的,可以成为通用的微课脚本框架模型。与经典教学理论相比,简化、提炼后的"激活动机""传递知识""回归目标"三个步骤更加适合微课,也更加方便理解、容易记忆。

 进阶思考

2.3　激活动机:微课黄金 60 秒,如何抓住学员心?

激活动机(瞄准)在微课脚本设计中非常重要,至少有三方面原因:

其一，这符合科学教学设计原理；

其二，对于微课等以自学为主的学习方式，很有必要在一开始就吸引学员注意力；

其三，成年人喜欢学习跟自己有关联的内容，所以需要在一开始建立与学员的连接。

不过，激活动机的环节却经常被忽略。究其原因，或者是因为没有意识，或者是因为没有头绪不知道如何设计。那具体应该怎么做呢？

我们先来看个例子。这是某学员的微课，一开始的"瞄准"是这么写的：

上周，我被罚了200元，很郁闷。怎么回事呢？原来是我在办理一起销户业务的时候，没有进行挽留，结果刚好碰上了"神秘客"。昨天，我的同事小王郁闷地跟我说，他也因为销户业务被罚了。我说："你也没挽留？"小王立刻说："不不不，我挽留了，但是挽留过程中客户抱怨，说我不按他的意思操作，明显没有服务意识。我就这样被投诉了。"

看来销户业务真是让人头疼。不挽留，挨领导批；挽留，挨客户骂。怎么办呢？

隔壁网点的老王连续三个月销户挽留率都是80%以上，而我们一般平均只有30%。今天，我们把老王的经验做成这门微课，提炼出老王挽留客户的三个技巧，希望你的挽留率也能达到80%。

如图2-8所示，这个例子的"瞄准"部分至少用了三种方法来吸引学员。

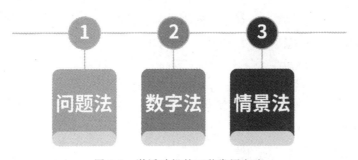

图2-8 激活动机的三种常用方法

1. 问题法

问题法就是找到击中学员痛点的问题，在微课一开始找到学员的问题、痛点、麻烦事儿，并把这些问题清晰地描述出来，让学员感受到这门微课是有价值的。这是非常常用也非常有效的方法。

2. 数字法

数字法就是在微课一开始，运用数值或者图表吸引别人关注。学员对数字会快速产生信任感，觉得微课内容是值得信任的。

应用数字法有两个技巧：其一，数字要尽量夸张一些，比如在"简单的抱法"案例中，老医生有近30年工作经验，抱过近1 000个孩子，学员看到这些数字会觉得很夸张，从而感受到他很厉害，很专业。其二，让数字有对比，比如上面的例子中，隔壁老王是80%，而我们一般只有30%。"没有比较就没有伤害"，数字对比让我们一下子就感受到老王很厉害。

3. 情景法

情景法就是使用故事、场景等形象情景进行描述。

一门微课从"概念"开始讲，而另一门微课从"故事"开始讲，通常后者更受欢迎。人天生对形象化的内容更加好奇。例如，给小孩子讲三字经，他不喜欢听，但讲三字经的故事，他可能会更喜欢听；如果告诉他看三字经的动画片，他会欣然接受。在上面的例子中，描述对话还原工作场景，就是运用了情景法。

回看上面的例子，这三种方法都用了。第一段描述工作情景。第二段讲到"销户业务真是让人头疼。不挽留，挨领导批；挽留，挨客户骂。"这就找到了工作中的痛点。最后一段讲到"隔壁老王做到80%，而一般员工30%"，即数字对比的方法。

情景法还常常和问题法、数字法结合，例如前面的例子中，问题就是通过情景描述出来的。

激活动机的目的是让微课内容被信任、让学员对课程感兴趣，从而学员才会更愿意观看后续内容。上述三种方法是激活动机最常用的。

当然,激活动机不只有这些方法。如果你能够想到更好的创意,只要能够起作用,什么方法都是可以的。

2.4 回归目标:你做过的总结,也许都是错的

在前面,我们把回归目标类比为"补刀",它是微课脚本的最后一部分。请思考一个问题:"补刀"的重点是"补"还是"刀"呢?

大多数人会认为是"补",实际上"刀"更重要一些。

射击使用的是"枪",而最后结尾要用的是"刀",说明最后"工具"发生了变化。"工具"在教学中对应的是"教学方法",所以"补刀"就是要用前面没有用到的方法再讲一遍,这样的总结才更有效。

之所以要换一种方法,是因为人的大脑对接受重复信息这件事并不敏感,同样的方法讲两遍并不能起到两倍的作用。你可以回忆一个场景:上学时,老师在离下课还有十分钟时停下来,说总结一下今天学了些什么。你会发现,虽然最后的总结很重要,这时候大多数同学会收拾东西而不是继续听课。因此"补刀"的重心在于"刀",不在于"补"。

具体来说,有三种常用方法,如图 2-9 所示。

图 2-9 回顾目标的三种常用方法

1. 图示法

图示法是指用一张图把微课的教学内容进行概括。例如，如图 2-4 所示，在讲完"激活动机""传递知识""回归目标"这三个步骤后，用一张"乌龟图"（换种方法）再呈现一遍，这就是图示法。

图示法的"图"是从教学内容中提炼出来的，起到了形象化串联知识点的作用。

有时候自己画一张图比较难，使用思维导图也可以，如图 2-10 所示。当然，由于思维导图的形象性相对较弱，因此优先推荐使用一般图示法。

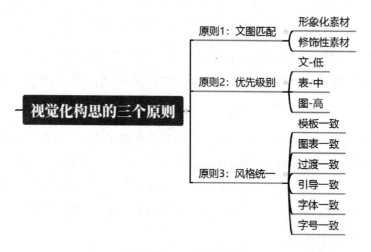

图 2-10　思维导图示意

2. 口诀法

口诀法是指编顺口溜。由于口诀朗朗上口，易于理解，这种方法也经常被使用。编口诀要注意两个要点：

其一，口诀尽量简短，太复杂起不到加深记忆的作用，反而增加了学员的记忆负担；

其二，一定要押韵。

3. 表格法

表格法是指用一张表把知识点概括出来。

例如,某微课内容是介绍一款产品的属性,知识点可能比较复杂。微课最后可以画一张表,把所有内容概括出来,如表 2-1 所示。

表 2-1　A 产品属性概括表

	属性	人群	优势	劣势	营销
A 产品					

本节所讲的图示法、口诀法、表格法都是常用方法,其他你可以想到的方法,只要能够起到总结归纳的作用,也可以使用。例如,在微课最后,把主要知识点设计成一个"连连看"形式的测试题,或者做一个动画演示,都是可以的。

最后需要特别提醒的是,"补刀"一定要补在关键位置。关键位置,就是你最希望学员理解、掌握、记忆的内容。

例如,一门关于时间管理的微课,最后只总结到:"今天我们学了三章,第一章时间管理的意义,第二章什么是时间管理,第三章时间管理的四种方法。"这就没有"补"到关键位置,学员真正需要的不是课程的框架,而是具体的知识点。

总结来说,"补刀"有两个要点,即要换一种方法,并且一定要"补"在关键位置上。

2.5　巧设结构:四种常见的微课设计思路(案例)

"激活动机(瞄准)—传递知识(射击)—回归目标(补刀)"是万能的微课脚本设计模型,几乎所有微课都可以直接套用。

从知识点角度来分，常见的微课类型有四类，如图 2-11 所示。不管哪一类，都可以直接套用"瞄准—射击—补刀"模型。下面，我们分别举几个例子。

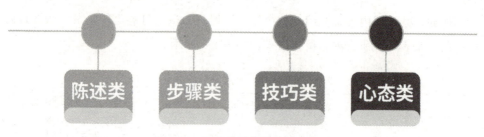

图 2-11　四种常见微课知识点类型

1. 陈述类

陈述类微课是指讲概念或原理类的微课，例如"洗钱的概念"这门微课，可以这样做。

（1）瞄准

抛出与"洗钱"相关的问题或者案例，通过卖关子的方法，让受众带着问题观看微课内容，这样抽象的概念、原理才更容易理解。

（2）射击

陈述类的内容比较枯燥、抽象，尽量讲得形象、简单一些，可以多用列图表、讲故事、打比方、案例分析等方式，增强内容的形象感。提炼关键词也是很常用的方法。比如，可以将洗钱的概念提炼为"白洗黑""白洗白""白洗没"三个关键词。

- 白洗黑：把合法资金洗成黑钱用于非法用途，例如把银行贷款通过洗钱用于走私。

- 白洗白：把一种合法的资金洗成另一种表面上也合法的资金，以达到占用的目的，例如把国有资产通过洗钱转移到个人账户。

- 白洗没：把合法收入通过洗钱逃避监管，例如外资企业把合法收入通过洗钱转移到境外。

（3）补刀

编顺口溜，或者换个角度提炼核心关键词。

2. 步骤类

步骤类微课是最常见的类型，通常指工作中的某项任务被分成若干个流程来做。例如，"处理客户投诉的五个过程""维修发动机的四个步骤"等都属于步骤类微课。再如，案例"简单的抱法"也属于步骤类微课。我们以"简单的抱法"为例，进行拆解。

（1）瞄准

先描述要讲的知识点，其应用场景或者价值是怎样的。"简单的抱法"案例中，先告诉你解决什么样的工作问题，有什么应用场景。

（2）射击

重点讲解步骤本身的细节，可以做具体的示范。例如，"简单的抱法"案例通过示范的方法，讲解了抱孩子的四个步骤以及每个步骤的细节、注意事项。

（3）补刀

可以抛出一个小练习，或者再来做一次归纳。例如，"简单的抱法"案例就是把前面的步骤又做了一次梳理。

3. 技巧类

技巧类微课是讲工作中解决某问题的方法、技巧等内容的微课。例如，"如何搞定疑难客户""处理投诉的三个核心技巧"等就属于技巧类微课。

（1）瞄准

对于业务课程来说，可以从描述业务痛点开始，最常用的方法是描述大家遇到的具体问题，这是学习这门微课的价值和理由。例如，"如何搞定疑难客户"可以先描述一个久攻不下的疑难客户所带给我们的问题。

(2) 射击

技巧类课程之所以吸引人，是因为微课中提供了解决问题的"技巧"，这些技巧要比之前解决这个问题的方法更好一些。所以，这类微课经常要进行对比。例如，"如何搞定疑难客户"可以先讲过去的一般方法是怎么做的，即"旧方法"；然后再讲这门微课介绍的技巧是怎样的，即"新方法"。有了对比，就凸显出新方法的优势。

(3) 补刀

提供一个巩固性的练习或者小测试。

4. 心态类

心态类微课是在认知层面，拟改变受众态度、心态的微课。例如，文化、风险防范等主题的微课都属于心态类内容。

(1) 瞄准

先讲一个反面的案例，描述这件事情做不好后果是怎样的，做好了价值又是怎样的，让大家意识到接下来的内容非常重要。

(2) 射击

可以抛出一个案例引导大家思考，做好了对我们非常有价值，而做不好可能会带来严重后果。除此以外，也可以把态度类内容转化为技巧类内容。例如，微课主题是"持之以恒的重要性"，我们先不讲持之以恒的概念，而是讲怎样才能够做到持之以恒。这样就把一个态度类的内容转化为知识或者是技能。

(3) 补刀

可以画一张图，把所有内容概括出来，或者编一个顺口溜。

以上就是四种常见的微课脚本框架设计思路，希望起到抛砖引玉的作用。有了基本框架，一步一步继续完善内容，最终才能完成一篇微课脚本。对于微课脚本的最终呈现形式，可以参考5.2节"脚本案例：细致剖析微课脚本"。

 **实操练习**

2.1 科学进程：不会设计结构，谈什么开发脚本？

- 请回顾"简单的抱法"微课视频的内容细节，必要时可以多看几遍该视频。

- 请尝试自己手绘一张"乌龟图"。

2.2 三步框架：巧用"瞄准—射击—补刀"速定微课脚本框架

- 请按照"瞄准—射击—补刀"的结构，快速确定你的课程框架。

2.3 激活动机：微课黄金60秒，如何抓住学员心？

- 请为你的微课设计至少两个不同类型的精彩开头，例如用故事法设计一个，再用问题法设计一个，多多益善。

2.4 回归目标：你做过的总结，也许都是错的

- 请为你的微课设计至少两个不同类型的精彩结尾，例如用图示法设计一个，再用口诀法设计一个，多多益善。

2.5 巧设结构：四种常见微课的设计思路（案例）

- 请在4个案例的基础上，优化、确定自己的微课主题的结构。

Part 2　设计开发篇

第 3 章　深萃：深度萃取 提炼干货

基础阅读

3.1　明确主线：所谓逻辑清晰，就是主线明确

你可能会有这样的困惑，脑子里明明有一大堆东西，有很多话想说，可是话到嘴边就是说不出来。到了做微课时也是一样，总感觉自己讲的内容，别人会听得一头雾水。这个问题需要从多方面综合解决，但是在开发微课时，确保知识点主线清晰是所有方法的前提。

结构清晰先要做到"大纲清晰"，尤其是"一级大纲"必须要清晰。有时候，我们也把课程大纲称为课程的主线，因为课程大纲是课程的脉络。开发课程时，要让课程大纲准确、清晰、突出重点，这样开发的课程内容才可能是有效的。

先来看个例子。有两位学员分别开发了 A 和 B 两门课程。请你看一看"一级大纲"，是否能让人快速理解这门课程要讲什么呢？

A 课程：如何营销×产品

1. ×产品的参数特点、适用群体、属性
2. 有效营销的步骤和技巧

3. 与旧品相比,有什么优势

4. 与同行业竞品相比,有哪些不足之处

5. 对市场(客户)的影响是什么

6. 如何应对客户的异议

7. 企业为什么主推这款产品

8. 对业务人员收入和考核的影响

B课程:客户投诉处理技巧

1. 案例导入

2. 什么是投诉

3. 投诉处理的步骤

4. 案例分析

5. 为什么要处理投诉

6. 角色演练

7. 总结

显然,这两个课程看起来都非常乱,这就是很典型的"主线不清"的案例。

A课程的问题是想到哪儿写到哪儿,没有选择普遍性结构。普遍性结构就是人们容易接受的常见结构,我们最常遇到的,自然也就是最熟悉的,也就是最容易被接受的。

B课程的问题是知识点主线和教学方法混淆。一般来说,课程开发要先确定内容,后匹配方法。梳理微课内容时,暂时不需要考虑教学方法。同时,B课程知识点的排序也不是最优方案。

那么,该怎么选择微课的主线呢?

有个好用的方法是"依据问题定主线",这需要回到我们开发这门微课的最初目的,即究竟是想解决什么问题。根据学员对课程所讲内容遇到问题的不同,我分了四种类型,分别是:

(1)小白型:学员对这门课程的内容非常陌生,课程内容对学员来说是很新颖的。

(2）差生型：学员对这门课程大致了解一点，但是他们做得不够好，无论态度上还是技能上都还欠缺。

(3）大众型：学员在工作中其实已经接触过这门课程讲的内容，或者对课程有较强动机，但在技能或认知上需要给予帮助。

(4）尖子型：学员关于这门课讲的内容已经很熟悉了，在技能或认知上没什么太大问题，但是希望能做得更好。

针对不同类型，推荐的课程主线如图3-1所示。

(1）小白型：逻辑结构①（What-Why-How）。

(2）差生型：逻辑结构②（Why-What-How）。

(3）大众型：流程结构（1-2-3）或要素结构（A-B-C）。

(4）尖子型：要素结构（A-B-C）或案例结构（案例-分析-结论）。

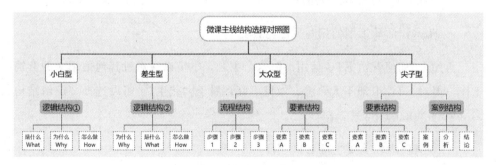

图3-1 微课主线结构选择对照图

1．小白型

例如"区块链在银行业的应用"这个主题，学员对要讲的内容"完全小白"，可以选择"逻辑结构①（What-Why-How）"，即

- What：什么是区块链

- Why：区块链的应用价值

- How：区块链在银行业的具体应用方案

再如"如何进行情景营销"这个主题,学员以往虽然做过营销但是没有接触过"情景营销",因此属于"小白",可以选择"逻辑结构①(What-Why-How)",即

- What:情景营销的特点
- Why:情景营销的使用场景和价值
- How:情景营销的步骤和技巧

2. 差生型

例如"如何写好活动策划"这个主题,学员大致了解或者做过活动策划,但是在态度上不愿意做,或者在技能上做得不够好,所以是"差生"。可以选择"逻辑结构②(Why-What-How)",即

- Why:做好活动策划的价值
- What:写好活动策划的标准
- How:活动策划的撰写方法与技巧

再如,"如何营销ETC信用卡"这个主题,学员以往做过其他信用卡的营销工作,但对ETC卡却不太熟悉,做得不好,属于"差生"。可以选择"逻辑结构②(Why-What-How)",即

- Why:为什么要主推ETC卡
- What:ETC卡的属性和优缺点
- How:ETC卡的营销方法和异议处理技巧

3. 大众型:流程结构(1-2-3)或要素结构(A-B-C)

流程结构(1-2-3)就是按照知识点先后关系排列的结构,适合于有明显的顺序、步骤、递进关系的课程。

例如,"销户挽留"的知识点结构:

- 第一步:安抚情绪

- 第二步：探明原因

- 第三步：针对营销

再如，"应急事件处理"的知识点结构：

- 第一步：亮明身份

- 第二步：仔细聆听

- 第三步：解决问题

- 第四步：表示负责

流程结构是企业日常业务培训遇到最多的，原因是大多数工作方法、技能、技巧都是建立在流程的基础上的。

要素结构（A-B-C），就是按照知识点重要性排序的结构，适合于可以分组、分层、分块的课程。

例如，"××产品疑难异议应对"的知识点结构：

- 第一类：产品类问题应对

- 第二类：服务类问题应对

- 第三类：政策类问题应对

再如，"优秀客户经理的素质维度"的知识点结构：

- 维度一：责任心

- 维度二：学习力

- 维度三：沟通力

- 维度四：协作力

- 维度五：承受力

要素型结构适用于相对独立、不存在顺序关系的知识点。如果说流程型类似于物理中的串联，那么要素型就类似于并联。

但要特别注意的是，要素结构在大多数课程中并非严格的并列关系，而是要考虑知识点的重要程度或者递进关系，并以此作为知识点排序的依据。例如前面的例子"××产品疑难异议应对"课程，优先讲解"产品类"问题，是因为这一类问题对学员来说，可能遇到的更多、更易犯错、后果更严重，概括来说就是"产品类"问题更重要。

4. 尖子型：要素结构（A-B-C）或案例结构（案例-分析-结论）

如果学员本来就是"尖子生"，但你还要给他讲课，这种课程要格外慎重，稍不留神就可能开发出对学员毫无价值的课程内容。举两个比较典型的例子：

第一个例子，如果你要讲"投诉处理"，但是学员属于"尖子生"，投诉处理就是他们的本职工作，天天都在做，而且还做得不错。怎么办呢？

我们可以变换角色来考虑这个问题：如果我们就是学员，最希望学到什么？学什么对自己有帮助？恐怕既不是概念，也不是流程，而是一些现在还不知道但是对做这项工作会比较有用的"独门绝技""锦囊秘籍"。

因此，这种课程常常选择要素结构（A-B-C），即

- 锦囊一：×××

- 锦囊二：×××

- 锦囊三：×××

再来看第二个例子，你要开发一门风险、态度、意识类的微课，这些事日常工作其实也都在做，直接讲道理学员肯定听不进去，而且这种课程所谓的"知识点"其实没多少内容。怎么办呢？

我们的思路可以从课程开发跳跃到培训现场，要讲的知识点不多，但又非常重要，一定要让学员印象深刻、牢固记忆、感触颇深，最好是让学员"悟"出来，而不是老师"讲"出来。"悟"出来的优势在于，其一"恍然大悟"的才印象深刻；其二人们对自己总结出来的内容自然会牢固记忆；其三因为自己参与到

学习中当然感触颇深。

我们再让思路从培训现场跳回到课程开发，实现这样的培训效果通常可以运用一种叫作"案例教学"的方法，它有固定的教学过程，我们把简化后的"案例结构"归纳为三个步骤："案例描述—分析原因—总结归纳"，这样就有了"案例结构"。

- 案例：描述已经发生的一起事件，可以以文字或视频的形式呈现。
- 分析：这起事件成功的原因或者失败的教训。
- 结论：总结归纳遇到此类问题的应对方法。

下面，回到最前面的两个例子，我们来看看怎么设计知识点主线会更好一些。

A课程：如何营销×产品

从拟讲解的知识点可以看出来，学员属于"差生型"或者"小白型"。若为"差生型"则优先选择"逻辑结构②（Why-What-How）"：

- Why：优先讲解为什么要推广×产品

    ○ 企业为什么主推这款产品？

    ○ 对市场（客户）的影响是什么？

    ○ 对业务人员的收入和考核产生怎样的影响？

- What：×产品的优缺点

    ○ ×产品的参数特点、适用群体、属性分别是什么？

    ○ 与旧品相比，有什么优势？

    ○ 与同行业竞品相比，有哪些不足之处？

- How：营销方法与异议处理

    ○ 有效营销的步骤和技巧是什么？

Part 2 设计开发篇

○ 如何应对客户的异议？

若为"小白型"则优先选择"逻辑结构①（What-Why-How）"，将 Why 与 What 交换顺序即可。

B 课程：客户投诉处理技巧

学员可能属于"差生型"或者"大众型"，也有可能是"尖子型"。可以根据情况选择流程结构（1-2-3）、要素结构（A-B-C）或案例结构（案例-分析-结论）。

- 投诉处理步骤 1
- 投诉处理步骤 2
- 投诉处理步骤 3
- 投诉处理步骤 4

或者

- 投诉处理技巧 1
- 投诉处理技巧 2
- 投诉处理技巧 3
- 投诉处理技巧 4

或者案例结构（案例-分析-结论）：

- 案例：描述已经发生的一起投诉事件，可以以文字或视频的方式呈现
- 分析：这起事件成功的原因，或者失败的教训
- 结论：总结归纳遇到此类问题的应对方法

以上是面对不同学员从问题出发选择合适的微课结构的具体方法。

微课的结构清晰很重要，首先要保证"课程大纲"是清晰的，尤其是"一级大纲"。"依据问题定内容"的思路会让微课更有效，基于"问题"的不同，可以把学员分成小白型、差生型、大众型、尖子型，他们对应的最佳课程结构是不同

的。流程结构、要素结构、逻辑结构①和②，四种主线通俗易懂，经常使用。同一知识点同一层级内容应该选择同一种结构。不要混搭，混搭必乱。同时我们还要知道，微课内容主线还有别的结构可以选择，如演绎结构、推理结构、问答结构等，但这些结构在微课中用的比较少。

除了上面的这些要点，我还想分享一个在一线教学中经常遇到的问题：如果流程结构与要素结构都可以使用，该优先选择哪一个？

关于这个问题，我们先看个例子。在"超级演说家"节目中，陈铭做了一段精彩演讲，评委乐嘉点评了五个方面。请观看视频，看能否记住乐嘉讲了哪五个方面。

> 请在"混合学习实验室"公众号回复关键词"陈铭演讲"，获得本案例的视频素材。

附乐嘉点评文字版：

乐嘉：我很想给你挑刺儿，但是我一个刺儿都挑不出来。

陈铭：谢谢乐嘉老师。

乐嘉：一直到目前为止，全面的技术和能力，最卓越和完美的。你刚才讲的东西，有五件事情很了不得。

第一，主题清晰，大家知道你要讲什么。第二，逻辑条理极其清楚，我们每一分钟都被你抓牢。第三，演讲当中最难最难的地方，就是太过于平淡，没有表现力，太注重表现，又使得你变成了在演戏。你在讲的过程当中，你的每一个表演都非常准确毫不夸张，非常非常难。第四，你的互动性非常好。第五，在最后的时候的落点，你用这个总结性的技巧。最后那句话：其实所有的一切全部是源于爱，这一点又把这个东西提纲挈领，把它给落到实处。所以，你的演讲非常非常了不起。你比我要讲的好，你是完美的。

陈铭：谢谢乐嘉老师，我都不知道该说什么。

乐嘉：我觉得余秋雨先生先前对你的那个评价是准确的，但是我觉得他还不够大胆。他觉得"可能",我这"可能"不要,到目前为止,你是我见到的最好的。

根据以往的经验,90%以上的人在看完视频后都能回忆起这五个方面,相信你也能做到。乐嘉讲的内容为什么容易记忆呢?我们对乐嘉的点评进行分析,发现他的点评包含了五个方面,分别是:

- 主题选题
- 逻辑框架
- 内容素材
- 互动效果
- 结尾升华

继续分析,我们发现乐嘉选用了流程型主线,这五个方面有一条时间轴串联着,即"准备演讲的五个步骤"。相对应的,如果把乐嘉点评的五个方面使用"互动效果、结尾升华、主题选择、内容素材、逻辑框架"这样的顺序呈现,效果就完全不一样了。

因此,微课主题只要能够用流程型主线,建议优先使用。我们每一天接触最多的是流程,人脑对流程也是最熟悉的,如过去、现在、将来,早上、中午、晚上,做之前、做的过程、做之后。例如,"如何成为优秀的客户经理"这门微课讲解优秀客户经理的五方面素质,如果改成"优秀客户经理的一天",学员可能更容易接受和理解。

3.2 内容为王:即使再好的呈现,也要"干货"做前提

与传统的面授课程相比,微课更需要在内容上有价值,也就是更加"干货"。首先,从微课内容的角度,我们听老师讲课不是为了听他的声音有多好听,而是要听内容,或者说内容价值一定优先于外在形式价值,好微课必须建立在好内容

的前提之上。其次,从微课学员的角度,现在学员都处于知识过载的时代,最不缺的就是知识,但是缺少真正有价值的知识,也就是我们俗称的"干货"。再次,从微课制作的角度,与传统面授课程相比,微课制作成本更高(主要是时间成本)。所以,做微课一定要有宁缺毋滥的精神,要选择"干货"内容做有价值的微课。

那么,怎样才算是"干货"呢?我们可以按照以下四个特征来衡量,即新知性、经验化、有提炼、颗粒小(如图3-2所示),同时满足的特征越多,内容越"干货"。

图3-2 "干货"的四个特征

1. 新知性

第一个特征是新知性,也就是要尽量讲解新颖的内容,讲解对学员来说陌生的知识点。人们学习的"快感"往往来自学习到新的知识、技能,获得新的认知。

例如"区块链在银行的业应用案例"这门微课,因为区块链是一个比较专业、新颖的领域,很多人对其都比较陌生,不知道区块链是什么,更不了解区块链对行业将产生的影响,那么这门微课的内容自然而然就符合"新知性"的要求。

再如"陌生客户拜访流程"这门微课,新入职的员工不知道怎么拜访陌生客户,这门微课所讲的内容对他来说是新的,符合"新知性"的要求。但是要注意,同一门微课是否符合"新知性"的要求是要看受众对象的。受众对象不同,结果可能是完全相反的。例如,如果给资深的客户经理讲陌生拜访的流程,这可能就不是"干货",毕竟对他们来说陌生拜访一点都不陌生。

"新知性"很好理解，想完全做到也很困难。但是，微课内容追求"新知性"的做法一定是正确的，我们要多为受众对象提供新的知识，这样他们才能从微课中有所收获。

2. 经验化

好的微课内容通常不是复制粘贴而来的通用知识，而是来自工作和生活，并且要包含自己对这个问题的所思、所想、所感、所悟、所得，这就是"经验化"，才算是"有温度的知识"。越有"温度"，微课就越有价值，微课内容也就越"干货"。

举个例子，"营业厅网点的 6S 管理"这门微课如果只是介绍 6S 是什么、6S 的来龙去脉，其微课价值就不大，这些通用的内容属于网上很容易找到的。好的做法是把网点工作与 6S 关联起来，分享你在网点中 6S 管理的心得、技巧，这是你在工作中积累下来的经验，这样课程内容就有了"温度"，这就是"经验化"。

再如，"如何审批贷款"这门微课，讲解如何核查客户所提供贷款资料的真伪。贷款资料包含十几个检验要点，如果微课只是把这些检验要点逐一罗列，那么课程价值还不够大。我们可以根据日常经验，挑选出三五个客户贷款资料最容易出问题的地方，或者员工在核查时最容易忽略的地方，用 80% 的时间重点讲透这几项，剩下的可以用 20% 时间讲得简单一些，这样微课才更有业务价值。

知识本身是冰冷的，和你的经验联系到一起，知识就有了温度，也更符合"干货"的要求了。

3. 有提炼

所谓有提炼，就是微课必须要有知识点，如步骤、方法、流程、原则、维度等，这在微课脚本设计中既是重点也是难点。经过提炼的微课内容，一方面有助于理解和记忆，另一方面有助于落地和应用，而且这也往往是体现课程水平和高度的关键点。可以说，有效提炼知识点是微课脚本写作的核心所在。

在知乎网站上曾有人问，如何回答女生"你喜欢我什么"等此类问题，如图 3-3 所示。

第3章 深萃：深度萃取 提炼干货

图 3-3　知乎网站截图

很多"情圣"给了他帮助，提供了一些话术方法。有一位"大神"的回复最"惊艳"，获得了 6 390 个赞，排在榜首。我们仔细看他的回复，"大神"不仅给了参考答案："四年前的一个早上，你忙碌着为我准备早餐，看着你的身影，我恍惚看到了天使，美极了，那时我便默默对自己说，这就是我要用一辈子去爱去疼的女人。"更重要的是"大神"给出了公式："一个时间点＋一件小事＋形容润色＋海誓山盟"（如图 3-4 所示）。

这是有效提炼的经典例子。

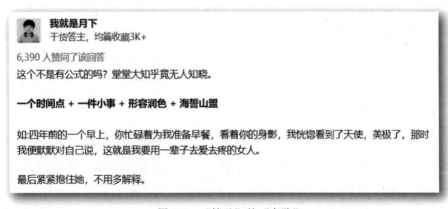

图 3-4　"情圣"的"套路"

再如"如何处理好危机事件"这门微课，在撰写微课脚本时，一定要提炼出其关键知识点，比如"危机处理四步骤"——"亮明身份""聆听诉求""分级解决""表示负责"。这里的步骤就是对经验的提炼。

再如,本节正在讲什么是对微课受众对象更有价值的"干货"知识点,我们总结了4个特征,这也是"有提炼"。

4. 颗粒小

有价值的内容通常都是细节性的知识点,我们称之为小颗粒度知识。大多数通用的大道理都不算"干货",这是微课脚本撰写的普遍性问题。举个例子,一门微课讲"服务客户要有五颗心:细心、耐心、恒心、爱心、责任心",然后通篇讲解这五颗心的重要性。这些内容对受众对象的价值就比较低,算不上"干货"。受众对象遇到的问题通常不是不知道,而是做不到。

大家在撰写微课脚本时普遍遇到的问题是,怎么才算细下来呢?怎么才能细下来呢?

解决这两个问题对写好微课脚本非常关键。下面我们借助一个案例,来回答上面的两个问题。

某微课的题目是"疑难投诉四部曲",目标是学员看了这门微课,能够运用四个步骤解决投诉问题。

该微课脚本首先归纳了四个步骤,分别是表达认同、抓住期待、速战速决、跟进回访。然后对每一个步骤进行解读,并且分别举了例子。整个微课脚本就是上述知识点,因为例子选取得当,微课脚本内容讲得比较生动形象。但我仔细阅读后,发现脚本太粗了,没细下来,算不上"干货"。我是怎么得出的这个结论呢?也就是说,知识点怎么算粗,怎么算细呢?

一般来说,可以从两个标准进行判断:其一,知识点是不是能够达成课程目标,只有达成课程目标才是有效、有价值的;其二,知识点是不是可以直接用,也就是可以直接理解、复制、执行。

对照这两个标准,来检验上面的微课脚本。其一,如果只是在解读、举例的层面,是无法实现课程目标的。他的课程目标是学员能够"运用四步骤解决投诉问题"。目前的讲解只能算是"知道",而无法"做到"。所以,不符合第一个标准的要求。其二，对于表达认同、抓住期待等知识点，通过解读、举例子很容易理解，但是复制、执行却很困难。试想在日常工作中，微课受众对象知道了要表达认同，在真正遇到问题时仍然没有直接可套用的、具体到执行的动作，以做到向客户表达认同。所以，不符合第二个标准的要求。

因此这个课程需要继续细下来，但问题是"怎么细"呢？

关于这个问题，可以借助一个工具，"找到细下去的方向"。这个工具就是质量管理中常用的七何分析法，也就是5W2H法，如图3-5所示。

图3-5 七何分析法（5W2H）

(1) What——是什么？目的是什么？做什么工作？

(2) Why——为什么要做？可不可以不做？有没有替代方案？

(3) Who——谁？由谁来做？

(4) When——何时？什么时间做？什么时机最适宜？

(5) Where——何处？在哪里做？

(6) How——怎么做？如何提高效率？如何实施？方法是什么？

(7) How Much——多少？做到什么程度？数量如何？质量水平如何？费用产出如何？

我们的思路是，按照5W2H的七个维度，逐项判断每个维度是否对达成本次课程目标有价值。如果有，则需要继续深挖一层，这样我们就能找到细下去的方向了。需要特别说明的是，5W2H帮我们找到细下去的方向，并不是七个维度

Part 2　设计开发篇

都要细分，而是找到其中需要的那一两个。通常，越往后细化，需要细化 HOW 的可能性越大。

回到刚才的案例，我们以四步法中的第一步"表达认同"为例，对照七个维度分别进行分析。

（1）What——什么是表达认同？

（2）Why——为什么要表达认同？

（3）Who——谁来做？

（4）When——什么时候让客户感受到认同？

（5）Where——在哪儿让客户感受到认同？

（6）How——怎么做？具体的方法是什么？

（7）How Much——达到什么程度？

这样分析，思路就越发清晰了。我们逐项来看。

（1）What——什么是表达认同？——不需要讲。

（2）Why——为什么要表达认同？——不需要讲。

（3）Who——谁来做？——不需要讲。

（4）When——什么时候让客户感受到认同？——不需要讲。

（5）Where——在哪儿让客户感受到认同？——不需要讲。

（6）How ——怎么做？具体的方法是什么？——重点讲。

（7）How Much——达到什么程度？——不需要讲。

所以表达认同这一项，我们就找到了细下去的方向：HOW，即怎么做才能让客户感受到认同？于是，找到了让客户感受到认同的 3 个方法，分别是体现聆听、表达尊重、感同身受。

接下来，继续使用 5W2H 分别判断体现聆听、表达尊重、感同身受具体要讲些什么，即细下来的方向。

第一个方法是"体现聆听"。如果课程只是把"体现聆听"这个方法解释清楚，课程是否达成了目标？是否就能理解、复制、执行了呢？

当然不行。继续使用5W2H来判断，经过分析发现细下去的方向还是在How，即如何做才能让客户感受到被聆听。于是，这一项继续细分为4个技巧，分别是：

- 笑：点头微笑体现亲和；
- 管：管住嘴，不打断、不插嘴；
- 记：记笔记，假装记也要记；
- 问：不明白的要追问。

现在来看这四个技巧，看起来应该差不多了，符合前面讲的两个判断标准。

如果再细分下去，可能就太细了，知识点的价值也随之降低。例如，"记笔记"这一项，要是再细分什么时候记笔记，记录什么内容，怎么记，这些也许是有用的，但是对于实现课程目标这件事来说，价值在迅速降低，也就不需要再细化下去了。再如"点头微笑"这一项，再细分就是什么时候笑，笑到什么程度，你也不能说这些知识是没有用的，但是对于实现课程目标来说，价值在迅速降低，我们就不再细化下去了。

这样，"体现聆听"知识点就算是分解完毕了。

第二个方法是"表达尊重"。按照5W2H进行分析，我们发现要提供具体的让对方感受到尊重的方法，于是细化为两个方法："认可观点法""突出特殊法"。到了这一级，是否还需要细分呢？我们发现，再分下去对于实现课程目标来说价值迅速降低，其实配个例子就已经能解释清楚了，就不再细分了，而是直接提供参考话术。比如，提供三个认可观点法的话术："的确是""有价值、有意义、有帮助""您说得对"等。

第三个方法是"感同身受"。按照上面的方法细分可以得到"感同身受"的三步骤法以及具体的话术。三步骤法是描述心情、描述动作、行动计划，提供示范话术："我非常理解您的心情，换成我也跟您一样的感受，刚才让您填这个单子没有提供指导是不对的，我这就联系下经理，帮您加急。"这样，第三个方法"感同身受"也细下来了。

以上是对"疑难投诉四部曲"步骤一"表达认同"的细化分析过程。与之类似，再逐个细分四步骤（表达认同、抓住期待、速战速决、跟进回访）的后面三个步骤即可。具体的细分方法与之前是一样的，这里就不再重复分析了。

在微课脚本设计阶段，梳理微课内容做到"颗粒小"是非常关键的技能，可以说决定了微课最终的内容深度。所以，关于如何找到小颗粒度知识，做如下总结。

第一，真正的干货都藏在细节中，没有这些细节，微课的课程目标根本实现不了。当然，深挖细节会比较困难，超过一半的人在微课内容开发时会卡在这儿。所以，不要掉以轻心。

第二，怎么判断是否需要深挖细节呢？一般来说有两个标准：其一，知识点是不是能够达成课程目标，因为只有达成课程目标的才是有效、有价值的；其二，知识点是不是可以直接用，也就是可以直接理解、复制、执行。所以，从这一点来看，是否需要深挖细节，是基于课程目标的，而课程目标又跟课程学员有关系。比如上述"疑难投诉四部曲"的例子，最初的脚本只描述了处理疑难投诉有四个步骤，做了基本的介绍，这是否可以呢？如果课程目标就是让学员对投诉处理的步骤有基本认知，那么就是可以的。但是，这门微课的目标不是基本认知，而是能够运用这些方法解决日常投诉问题，那只是停留在概念诠释阶段就不行，必须深挖。同样的，深挖到什么程度也是基于课程目标和学员的。开发微课就像是在设计产品，产品最终是为了服务用户的，当然要考虑课程目标和学员的实际需求。

第三，深挖细节为什么要用七何分析法（5W2H）呢？在回答这个问题之前，先回到上述"疑难投诉四部曲"的例子，是不是一定要用5W2H才能得到最后的分析结果呢？当然不是，对于一些经验丰富的人，即便没有5W2H也能得到细化后的结果。知识萃取也是一项能力，有些人比较擅长，有些人就需要借助工具,否则容易出现"茶壶里煮饺子,有嘴倒不出"的情况。但是要注意,如果一个人知识萃取能力偏弱,没有工具是很难深挖出有价值的内容的,这是企业员工开发微课的痛中之痛。5W2H非常好用,因为这个工具帮助我们完整覆盖了各个维度,能够有效地防止遗漏关键内容。不过在初学者最初接触这个工具时,可能会感觉有些麻烦,要一点点逐个维度判断。实际上,一旦形成了习惯就非常简单了,会很快找到具体要细化的内容。所以在刚开始时,先不怕麻烦坚持套用工具,养成习惯就不需要了。

第四,深挖细节也并不是越细越好,那细到什么程度呢?这也是很关键的问题。前面讲过,当你发现其对于实现课程目标来说,价值在迅速降低时,我们就不再分下去了。即便你认为再分下去依然是"有用的",但价值迅速降低,也不再分了,毕竟课程内容是有限的。我还有个经验分享:在思维导图中大概分到四级左右,如图3-6所示,这个知识点就差不多了。当然这个是经验值,并不是严格有效的,还要看课程的具体情况。

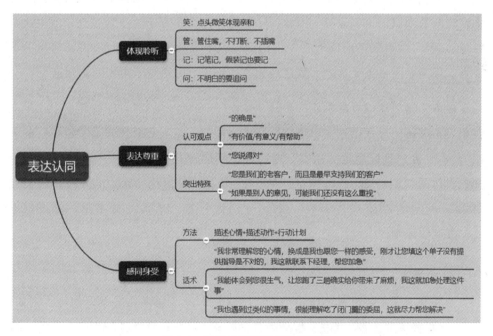

图3-6 知识点颗粒度提炼示意图

3.3 聚焦干货：四种常见微课的"干货"特征

下面从微课知识点的不同类型的角度，通过举例来分析常见类型知识点如何才能符合"干货"特征。我们所说的常见类型主要是指陈述、步骤、技巧、态度四种类型。

1. 陈述类

陈述类微课的内容通常是讲解概念、原理、道理、原则等，这些内容相对比较抽象，也比较枯燥。

陈述类微课的干货内容尤其需要符合新知性、有提炼等特征。

如果微课内容都是大家已经知道的，那么可以不介绍。讲太多，大家会认为你在讲旧的知识，也不爱听。因此，陈述类知识点要首先关注是否符合陌生这个特征。例如，"有效的时间管理"这门微课就不太适合花太多时间讲解时间的重要性，因为时间很重要这是大家已经知道的常识，你讲与不讲大家都知道。

提炼陈述类知识点最常用方法是"建模"（参考3.4节），即找到一个让受众对象容易理解的形式，把知识点串联起来。例如，英文字母法就是"建模"的常用方法之一，"目标制定五原则"这门微课就是用了该方法串联知识点，五个原则是具体的（Specific）、可衡量（Measurable）、可达到（Attainable）、相关性（Relevant）、有时效（Time-bound），分别找到五个单词的首字母，就提炼出"SMART"原则。

2. 步骤类

步骤类微课主要讲解工作中的流程，这是一种特别常见的微课内容。例如，"处理客户投诉的步骤""应急事件处理的步骤""维修发动机的步骤"等都是讲解工作中的流程。

步骤类微课的内容尤其要符合有提炼、经验化、颗粒小等特征。

有提炼就是微课内容最好是提炼出某个具体的操作步骤,而且步骤越简洁清晰越好。例如,"望闻问切识假币"这门微课提炼了识别假币的四个步骤,即"一望二闻三问四切",很容易让受众对象理解和记忆。

实际上在企业微课中,完全陌生的流程步骤比较少。如果有,也往往早就已经被做成微课了。所以,我们一定要认识到大多数工作中,受众对象对整体的流程步骤并不是完全陌生的,而是需要在其基础上,获得新的认知。所以,要特别注意经验的价值,也就是多讲解做好这件事情的实践经验,这些经验化的内容通常才是受众对象真正需要的"干货"。

步骤类微课要特别注意知识点的颗粒度,这是初学者常遇到的问题。很多干货都隐藏在细节中,甚至很多细节比步骤本身更为重要。举个例子,"应急事件处理技巧"这门微课提炼了若干步骤,其中第一步是"树立权威"。但是在一个嘈杂的环境中如何去树立权威呢?有没有什么特殊技巧?应该站在哪里说话?嗓门应该提高到多大?第一句话应该怎么讲?这些都是具体的技巧,都是颗粒度很小的知识点,但却是对受众对象的日常工作有所帮助的关键内容。

3. 技巧类

技巧类微课讲解工作中的方法、策略等内容。例如,"搞定疑难客户的三个方法""塑造服务意识的四个技巧""如何做到同理心"等都是技巧类微课。

技巧类微课的内容要特别注意是否符合新知性的特征,同时还要注意技巧是否可达成。

技巧类微课的内容对受众对象陌生是重要前提,如果微课要讲的技巧大家都会,是没有必要再讲一遍的。例如在银行中,用微课给老员工讲点钞的技巧,就没有太大必要,因为点钞对于老员工来说已经很熟悉了。

技巧类微课要从受众出发,思考这门微课能够解决他工作的什么痛点问题。如果不是建立在解决工作痛点问题的前提下,受众对象是没有意愿和动力去观看这门微课的。所以,要找到微课内容与受众对象之间的关联,并且一定是他可以达成的。这样的微课内容才有价值。例如"服务好客户的五颗心"这门微课只告诉大家要有恒心、细心、耐心、爱心、责任心,就算描述得再生动,学员也是无法达成的。我们需要找到具体的细化技巧，如有效做到"责任心"的具体方法、动作、话术，这才是有价值的内容。

4. 态度类

态度类微课是讲解心态认知的微课，比较典型的是讲文化、心态、意识，或者讲道德、道理层面的内容。这种类型的微课很容易做得比较"虚"，如何做到符合干货特征呢？

态度类微课的内容首先要保证与受众对象有关联，其次要具备经验化、颗粒小等特征。

态度类的微课内容比较宏观，我们可以通过描述形象化的案例，帮助受众对象形成画面感，并建立自己与知识点之间的关联。例如"网点安全，重中之重"这门微课，怎样才能够让受众对象感受到网点安全和自己相关呢？怎样才能够形成画面感呢？一位学员在设计这门微课时，首先抛出观点，即大家都认为接待客户的网点是安全的，紧接着话锋一转，讲到河南一家网点，有一个父亲带着不到三岁的小孩在网点办业务。小孩比较调皮，在大人没注意时跑到网点填单子的桌子旁，一把拽倒了桌子，桌子边压在了小孩的脖子上，小孩后脑勺着地。小孩抢救无效不幸去世了。他还在微课中播放了当时银行摄像头拍摄下来的视频画面。

我想，所有看到这一段的人都会紧皱眉头，无比惋惜。我们抛开内容本身，回到微课脚本设计，这是一个很成功的态度类内容设计。一方面，小孩与我们每个人都相关联，事情就像发生在我们身边一样；另一方面，故事和视频的配合又迅速帮助受众对象形成了画面感。以后我们会更加重视网点安全。

态度类的内容还要注意是否具备经验化的特征。例如，"塑造责任心"这门微课是很常见的、有些"虚"的态度类微课，如果只是讲大道理，所有人都不爱听。正确的做法是找到具体的、有责任心的案例，在微课中让案例说话，把案例中的人是怎么想的、怎么做的等这些别人的经验都写出来。这样受众对象就能够借鉴里面的经验，也就容易接受这门微课的观点了。

关于态度类内容，我们还有个常用的方法是态度"转化"知识或者技能。例如，"塑造责任心"这门微课把态度"转化"为如何做到有责任心。再如，"持之以恒"这门微课把态度"转化"为做到持之以恒的具体动作、方法、行为、话术,这样会更加实用,微课内容也更有价值。

3.4 记忆线索:七种"建模"方法,"串联"微课内容

人的大脑擅长记忆有规律的、相互关联的信息,所以在教学设计中,应该尽量多地对内容进行加工、提炼,把知识点串联起来。我们把这个过程叫作"建模"。没有关联的知识点就好比一个个零散的糖葫芦,而"建模"就是找到串联起糖葫芦的那根棍儿。

我们介绍七种常用的建模方法,分别是图形法、图标法、类比法、字母法、字词法、口诀法和数字法,如图3-7所示。

图3-7 七种常用的建模方法

1. 图形法

图形法就是用一张图概括微课内容,这样很容易使人在大脑中形成画面感。人们对形象化的图形更好理解和记忆。

例如"如何让客户感受到服务意识"这门微课,如图3-8所示,作者就非常简单地画了一个业务员,业务员身上画了四个图标,分别是:一颗心代表回答客户问题要有耐心,一块糖放在嘴巴上表示嘴巴要甜,一双特别大的耳朵表示时刻保持倾听,在腿上画了一个弹簧,表示腿要勤快。这就是用一幅反映重要知识点的图来概括教学内容的方法。

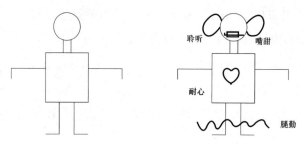

图3-8 图形法示意图

在运用图形法时会有两个问题,其一是很多人欠缺图示表达的能力,其二是担心自己不会画图,所以不愿意尝试。其实图形法并不需要具备专业的美术功底,你看上面例子中的图,画的也不美观,但这并不影响把问题说明白。图形法是非常好用的方法,建议你大胆尝试。退一步讲,就算无法创造出一幅图,若能够运用思维导图、流程图、逻辑图、图表等方式,也能起到类似的作用。

2. 图标法

图标法是指使用一组风格统一、合适的图标,对知识点进行形象化表达。

例如"处理投诉五步骤"这门微课,五个步骤分别是隔离处理、杯水服务、细听需求、解决问题、礼送客户,如图3-9所示。分别找到风格统一、合适的五张图代表五个步骤,这种方法就是图标法。

图3-9 图标法示意图

与图形法相比,图标法更容易一些。因为在搜索引擎中搜索图标是件非常容易的事,只要找准关键词,一般都能找到匹配的图标。

3. 类比法

类比法是指用生活中一件受众很容易理解的事情,描述一件离受众很遥远的事情,类似于"打比方"。这种方法特别适合于抽象、专业的微课内容。

例如，微课教学设计模型"激活动机、传递新知、回归目标"属于比较专业的词，所以我们用类比法建模，使用"瞄准、射击、补刀"来类比"激活动机、传递新知、回归目标"，这样大家就能快速理解，而且记得牢固了。

为什么类比法非常有效呢？这是因为原本要讲的专业术语是作者"世界"中的词汇，而对于受众对象来说，他的"世界"中没有这个词汇，就不好理解。强灌给他，也不容易被接受。所以，我们需要搭个桥，就是找到我们与受众对象都了解的一件事来进行描述，这样对方就会很快理解。

4. 字母法

字母法指通过英文字母的形式，把几个独立的知识点串联起来。

例如之前我们举过的非常经典的例子，"SMART原则"：具体的（Specific）、可衡量（Measurable）、可达到（Attainable）、相关性（Relevant）和有时效（Time-bound）。

再如"五招客户识别术"这门微课，识别客户的五个方面相互独立，不好理解，不好记忆，于是可以分别将英文单词的首字母连在一起，即"ABCD Type"，如图3-10所示。

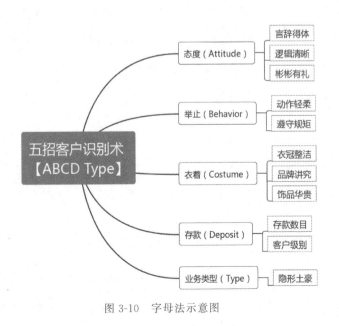

图3-10 字母法示意图

当然，不是所有的词都能进行串联，如果字母之间没有联系，就起不到串起糖葫芦的那根棍儿的作用了。

此外，除了用熟悉的英文单词来串联，也可以使用汉语拼音。

5. 字词法

字词法类似字母法，但是使用中文进行串联。字词法并非简单地提炼关键词，所提炼的关键词需要满足三个要求。

(1) 能够表达主题。例如，"望闻问切识假币"这门微课提炼了"望闻问切"四种识别假币的方法，这四个字就是课程的核心，是最"关键"的词，这种提炼才是有效的。再举个反面例子，有些课程会以"六脉神剑""五朵金花"等作为知识点的提炼，但是课程的核心要点与"六脉神剑""五朵金花"并没有什么关联，这就无法表达主题。

(2) 存在相互联系。例如，"一分钟读懂洗钱"这门微课原本提炼的三个关键词为"合法非法、白钱洗白、逃避监管"。这三个词本身是正确的，也切中要害，但是这还不算建模，因为词之间没有关联。建模的意义就是希望把相对独立的内容串联起来。改为"白钱洗黑、白钱洗白、白钱洗没"显然就更好了。再举个例子，"识别客户的五子登科法"这门微课提炼了"房子、孩子、票子、场子、性子"，并称之为"五子登科"。

(3) 用词尽量简短。例如"起承转合话写作"这门微课，"起承转合"只用了四个字，就概括了主要知识点。通常来说，越简短越容易快速理解和记忆。

6. 口诀法

口诀法是指编顺口溜，一般最好是简短的、押韵的。

例如，小学老师在讲每年12个月哪几个月份是31天时，会用口诀"一三五七八十腊，三十一天永不差"来总结，很多人就把这个口诀记了一辈子。

很多微课脚本都以口诀来结尾。举个例子，一个讲防电信诈骗的微课在结尾时就编写了这样的口诀："宣传千万次，从不认真看。骗后急报案，天天催破案。骗子在境外，警察也为难。破案要条件，防范是关键。源头被阻断，哪里有发案？信息多转发，人人当宣传。请你仔细看，不要再被骗！"

需要提醒的是，口诀法要注意两个要点：

其一，口诀尽量简短，太复杂起不到加深记忆的作用，反而增加了学员的记忆负担。上面讲的防电信诈骗的微课例子，就有点偏多了。

其二，一定要押韵，押韵才好记。上面讲的防电信诈骗的微课例子，也不够押韵。

7. 数字法

数字法是指用数字串联知识点。

例如，假币识别用"一摸二看三验证"来串联，资料审核用"四看三问两窥"来串联。

数字法很容易使用，但是这种方法并不是特别好，所以我放在了最后。之所以这么说，是因为数字法一般有两种具体的应用：第一种是表达顺序，如"一摸二看三验证"的例子；第二种是表达数量，如"四看三问两窥"的例子。无论是表达顺序还是数量，这都不是该微课的核心内容，其核心是具体怎么做，也就是数字的下一层内容。但是，就像成语"聊胜于无"所诠释的意思一样，有了总比没有好。在找不到其他方式进行建模，或者已经有了其他方式建模，需要多种建模方式组合时，不妨尝试一下数字法。

实际上，建模的方法可以有很多种，不止上面这些。只要能够让知识点相互关联的方法都可以。而且，建模可以使用多种方法组合，例如对知识点使用类比法的同时，再叠加使用图形法，会取得更好的效果。这就像之前讲到的那串糖葫芦，你用竹签子串也好，用筷子串也罢，用什么串都行，重要的是串起来。

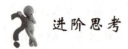 进阶思考

3.5 脑友好型：什么样的微课内容更容易被大脑接受？

脑友好型的教学设计就是要使用人类大脑最喜欢、最愿意、最习惯接受的方式来传递信息。这样可以将教学内容更快地传递到受众对象大脑中去。那么人的大脑喜欢接收什么样的信息呢？

我们先来做个测试。图 3-11 所示的这张图由若干图形组成，现在你有 30 秒时间记忆，要求稍后能默写出来所有图形，并且顺序不能颠倒，遗漏、多余、错位都算错。

请先不要翻看后面的答案，自己尝试记忆。

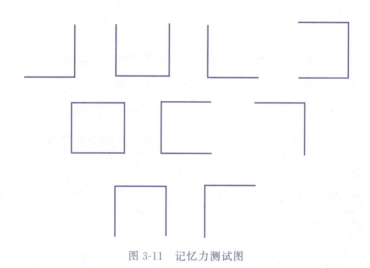

图 3-11 记忆力测试图

我利用这道测试题做过很多次现场测试，大约只有不到 10% 的人能在 30 秒内完全记下来。少数能记下来的人，如果没有找到规律，靠死记硬背，也会很快忘记。

这张图其实就是"脑不友好型"的信息。那么,大脑喜欢什么样的信息呢?

我们回到刚才这张图,试着把第一行最后一个图形挪到第二行第一个,把第二行最后一个图形挪到第三行第一个。你能脑补一下新的图形吗?

很多人都能想象得出来,并且惊呼:"哇哦,原来如此!"

图 3-12 所示就是新的图形。

新的图形大脑喜欢、愿意、习惯接受,这张图就是"脑友好型"的图。那么,具体到微课脚本设计,我们该怎么做呢?以下三种方法可以帮你做到让微课脚本更受大脑喜欢。

1. 简洁工整

大脑记忆信息习惯从点到线再到面。因此,微课的教学内容应该尽量把大段的话提炼为短句子,再尽量把短句子提炼为关键词。

例如,某课程要讲解洗钱的概念,如果只是把概念罗列出来,大脑就不愿意接受。

"洗钱是指将违法所得及其产生的收益,通过各种手段掩饰、隐瞒其来源和性质,使其在形式上合法化的行为。"

按照从点到线再到面的思路,先尝试提炼关键句子,于是得到:"洗钱就是把非法所得合法化的过程。"有了这个关键句子,再讲相对抽象的概念,大脑就容易接受了。

在设计微课时,依据简洁原则对知识点进行提炼、简化,是非常重要的基本功。不仅要提炼关键词,格式还要尽量工整。例如提炼投诉的步骤,用三个字概括,那么对应的所有步骤都用三个字概括;用动宾短语概括,那么都用动宾短语概括。看下面的例子,两个知识点都是讲"处理客户投诉的四个步骤",哪一个大脑更容易理解和记忆呢?

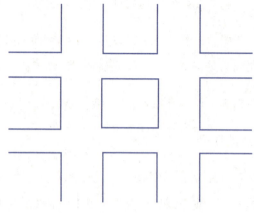

图 3-12　记忆力测试图（变形后）

A：处理客户投诉的四个步骤

步骤 1：先安抚客户情绪，再解决客户问题

步骤 2：了解客户诉求

步骤 3：从解决可行问题入手

步骤 4：跟进

B：处理客户投诉的四个步骤

步骤 1：安抚情绪

步骤 2：倾听诉求

步骤 3：解决问题

步骤 4：持续跟进

A 和 B 两个方案比较，立刻可见 B 方案大脑更易接受。

所以，大脑喜欢记忆简洁工整的内容，能用三个字表达，就不要用四个字。当然，字数、结构最好要统一，因为大脑喜欢记忆整齐的内容。例如前面举过的例子"望闻问切识假币"，就很符合这个原则，所以也很容易记牢固。

2. 三五原则

大脑喜欢认真研究简单的内容，而遇到复杂信息会"逃避"。下面我们做个小测试。

假设你从事客户服务类工作，一天在微信中看到一篇文章："服务好客户的99个技巧"。因为与自己工作相关，所以你可能会打开看一下。你觉得前两条总结的就很不错，但是后面还有97条。接下来，你会做什么？

是的，大多数人会选择收藏。然后呢？然后就没有然后了。

假如不是99个技巧，而是三五个技巧，可能你会认真地把它逐个看完。

因此，微课中所提炼的知识点应该是三个、四个或者五个，一旦超出五个，就要考虑是否需要进行新的归纳、提炼，这就是简单而重要的"三五原则"。

大脑的这种习惯在生活中随处可见。比如在培训课堂上，幻灯片上展示出来三个关键点，学员会认真地记录在讲义上，而如果呈现的是密密麻麻的一张超过10条的清单，大多数人都会举起手机拍下来，而不是记下来。拍下来其实就是"收藏"，对大多数人来说，然后就没有然后了。

再如，你要去超市买15种东西，为了保证不遗漏你会怎么做呢？大多数人会把它写下来，写到纸上或者用手机便签写下来。事实上，如果你做了简单的分类，例如吃的、用的、玩的等，你是可以把15种东西记下来的，但是大多数人不会这么做，因为大脑"逃避"复杂信息。对于图3-11所示的图形，如果不是三行而是十行，很多人看到这张图就会"逃避"，放弃理解和记忆。

如果要讲的内容比较多，而且不能删除，怎么办呢？我有两个建议：第一，对于复杂的内容，重新归纳，让学员逐层看到你的知识点，每一层永远都只有三个、四个或者五个。比如"准备演讲的八个步骤"这个知识点，八个步骤显然太多了，需要重新归纳为准备演讲的三个阶段，每个阶段可以再包含几个步骤。最后教学内容依然是8个具体的知识点，但对学员来说却容易了很多。第二，按照二八原则找出最重要的少部分内容，花较多的时间讲解，剩下相对次要的内容可以用较少的时间快速讲完。比如"克服演讲紧张的九个技巧"这个知识点，九个技巧显然太多了，如图3-13所示，需要把所有技巧按照重要性排序，找到最重要的三五个，课程80%的时间围绕这三五个讲解，最后剩下20%的时间快速介绍其他的技巧。

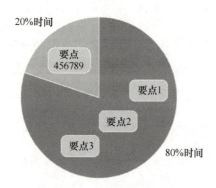

图3-13　运用二八原则进行内容分组

"三五原则"是个简单而重要的规律，微课脚本内容要多归纳，尽量控制在三五条内。无论你的课程内容多么复杂，都请告诉学员你的内容是简单的；遇到还不够简单的，就需要想办法让内容变得简单。

3. 内外关联

内关联是指知识点之间的关联，外关联是指知识点与受众对象之间的关联。

人的大脑特别喜欢记忆内、外关联的内容。为什么图3-12比图3-11更容易理解和记忆？很多人做过这个测试，当我问他们看到了什么、想到了什么时，有人说想到了"井"字，有人说想到了"马路"，有人说想到了"经纬网"，还有"吃货"告诉我最先想到的是"巧克力""华夫饼""锅巴"，甚至"重庆火锅"。但是毫无疑问，一旦有了这些跟自己生活有联系的联想，也就是知识点与受众大脑中已有的信息建立了关联，知识点就被牢固记下来了。

上一节，我们讲过的"建模"（参考3.4节记忆线索：七种"建模"方法，"串联"微课内容）的七种方法，就是实现知识点的内关联和外关联的有效技巧。

最后，我们把前面讲到的"洗钱"的例子讲完。这是我在某银行遇到的案例，一位员工最初想做一门讲解"什么是洗钱"的微课，帮助"小白"员工快速理解这个概念。他原本要讲的概念是：

"洗钱是指将违法所得及其产生的收益,通过各种手段掩饰隐瞒其来源和性质,使其在形式上合法化的行为。广义的洗钱除了狭义洗钱的含义之外,还包括把合法资金洗成黑钱用于非法用途,把一种合法资金洗成另外一种表面也合法的资金以达到占用的目的(即把白钱洗白),或者将合法收入通过洗钱逃避监管。"

显然这个概念经过一两遍阅读是很难理解的,对于"小白"学员来说非常抽象。后来,按照我们本章讲的方法对内容进行优化,就变得容易理解了。

什么是洗钱,简单地说就是"把非法所得合法化"的过程。即将非法所得及其产生的收益,通过各种手段掩饰隐瞒其来源和性质,使其在形式上合法化的行为。

在广义上,洗钱有三种情况:

- 白洗黑:把合法资金洗成黑钱用于非法用途;
- 白洗白:把一种合法资金洗成另外一种表面也合法的资金,以达到占用的目的;
- 白洗没:将合法收入通过洗钱逃避监管。

这样就做到了简洁工整、三五原则、内外关联,这样的微课内容会更容易被大脑接受,更符合大脑的记忆习惯,所以被称为"脑友好型"微课内容。

3.6 内外结合:缺少内部内容,如何快速搜索外部资源?

本章讲解的是萃取、提炼微课内容的方法,即微课内容的来源,这是微课脚本的核心,也是撰写微课脚本的前提。实际上,微课内容来源可以是内部渠道,也可以是外部渠道,而内外结合会更加高效。

内部渠道就是大脑中有的,或者能够从工作当中获取的基本资料。例如,你做这件事情的过往经验,或者公司内部已有的课件资料等。

外部渠道主要是指外部资源,除了找其他人来完善你的微课内容以外,在开

Part 2　设计开发篇

发微课时最常用到以下三个网络渠道。

1. 简书（JianShu.com）

简书上有很多人会分享自己在工作、生活中的笔记，或者参加培训课程的心得。这些信息可以拓展你的思路。简书上所提供的或许不是很深奥的内容，但相对比较全面，尤其是在没有思路的情况下，可以带给你很多灵感。

2. 知乎（ZhiHu.com）

知乎上聚集了很多不同领域的人，他们会提供很有深度的专业知识。在萃取微课内容时，如果思路枯竭，或者想了解一下别人的观点，不妨试试这个网站。

3. 搜狗微信（WeiXin.sogou.com）

搜狗微信的主要功能是在计算机端搜索微信公众号的文章。现在的微信公众号能提供海量信息，但在手机上搜索不是很方便，所以在有类似需要时不妨试试这个网站。

实操练习

3.1　明确主线：所谓逻辑清晰，就是主线明确

- 请分别针对三种微课内容主线举一个你自己的例子。

3.2　内容为王：即使再好的呈现，也要"干货"做前提

- 请描述干货的四个特征。

3.3　聚焦干货：四种常见微课的干货特征

- 请确定你的微课干货内容。

3.4　记忆线索：七种"建模"方法，"串联"微课内容

- 请尝试用尽量多的方法，为你的微课内容建模，尝试越多越好。

3.5 脑友好型：什么样的微课内容更容易被大脑接受？

- 请将本节中的小测试分享给你身边的人，并用自己的语言描述脑友好型微课内容的三个特点。

3.6 内外结合：缺少内部内容，如何快速搜索外部资源？

- 请尝试使用本节中所介绍的三个网站，同时搜索与你的微课相关的主题，最后确定哪个工具更适合你。

第4章 细琢：精雕脚本 细致设计

 基础阅读

4.1 九宫配料：三行三列九素材，一"近"一"多"两原则

在上一章，我们重点探讨了微课内容萃取的要点。但是，好的微课不能只有内容，还要让受众对象快速理解、记住微课内容，也就是要保证微课的学习效果。

在教学设计领域，流传着一张学习金字塔图，据说是美国缅因州国家训练实验室的研究成果，它用数字形式形象显示了采用不同的学习方式，学习者在两周以后还能记住内容的多少（平均学习保持率）。据说，学习金字塔图最早是由美国学者、著名的学习专家爱德加·戴尔1946年首先发现并提出的（未经考证准确来源，参考百度百科"学习金字塔"词条 https：//baike.baidu.com/item/%E5%AD%A6%E4%B9%A0%E9%87%91%E5%AD%97%E5%A1%94）。

简单地说，学习金字塔揭示了什么样的教学方式能够让学员记得牢固。如图4-1所示，右侧是7种教学方式，左侧数字是在两周以后还能记住内容的多少（平均学习保持率）。

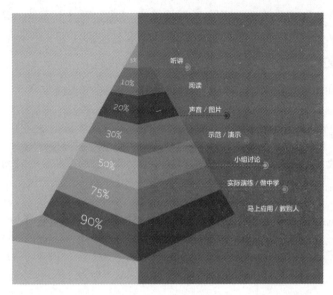

图 4-1　学习金字塔图

学习保持率比较高的三种方式为小组讨论、实际演练/做中学、马上应用/教别人，但是这几种方法在微课中通常是没有办法实现的，这也再次验证了微课并不能替代面授的观点。其他四种方式，即听讲、阅读、声音/图片（即视听多媒体）、示范/演示（以及举例子），是微课可以运用的。从学习金字塔图提供的数据来看，被动听讲、阅读等学习效果并不好，学员学完两周后留存记忆的内容非常少，可以说基本上都忘记了。而使用图片、音频、视频等视听多媒体方式，或者使用演示、举例子等形象化的教学方式，记住的内容会更牢固一些。

由此可见，与枯燥的语言相比，运用图片、音视频、做演示、举例子等形象化的表达方式，可以形成画面感，让学员更好地理解记忆。因为人的大脑更容易接收有画面感的信息。

那么，怎样才能形成画面感呢？

我们先来看个例子。在《刘润·五分钟商学院》之《用画面感塑造语言的带宽》这篇文章，用了这样的方法开头：

有一辆宾利轿车很贵，售价888万。你在演讲中，希望让大家知道这辆车真的很贵，很贵很贵，你会怎么说？真贵？非常贵？真是太贵太贵了？反正我是买不起？这些表达，都没有办法让大家对于这个"贵"有一个感性的认识。够在上海买一套房子了？相当于40个人的年薪？这个表达好一些，已经可以让大家有些感性的认识了。但还是不够。我比较喜欢这个表达："这辆车到底有多贵？一个农民，从商纣王还没有出生的时候就开始工作，不吃不喝一直干到社会主义初级阶段，也许才能买得起一辆这样的轿车。"这种表达会让听众经过小思考、小探索，自己产生"贵"的感觉，而不是你用一个字，告诉他"贵"这个结论。这种豁然开朗的感觉，甚至会让听众发出"哇哦"这样情不自禁的惊呼，来自你刻意营造的"画面感"。

在微课脚本设计中，我们把能够塑造出画面感的方法统称为"素材"。下面介绍9种常见的微课素材。

1. 图示

对于抽象的、不好理解的微课内容，画图是很不错的方法。例如，我在给学员讲微课的教学设计时，讲到微课框架的三部分包含激活动机、传递新知、回归目标。但这三部分学员不好理解、不好记忆，太抽象了。怎么办呢？在培训课堂上，我最常用的方法就是画个"小乌龟"作为图示，如图2-4所示，学员就很容易理解这个概念了。

再如，我们之前举过的"如何让客户感受到服务意识"的例子，为了把这个知识点讲得更清楚，也可以借助图示法，如图3-8所示。

2. 视频/音频/动画

使用视频素材也是常用的方法，视频片段能够非常形象地传达微课内容，尤其适合知识点复杂、抽象、不好理解的情况。例如"顾问式营销"这门微课，如何快速让受众对象理解顾问式营销的步骤呢？通过语言描述，通常无法快速实现这个目标。我们可以借助电影《非诚勿扰》中葛优与墓地销售员之间对话的视频片段，通过分析视频中的对话，总结出顾问式营销的步骤。

> 请在"混合学习实验室"公众号回复关键词"顾问式营销"，获取电影《非诚勿扰》视频片段的播放链接。

除了利用影视剧片段，自己拍摄也是不错的方法。例如"银行柜员如何点钞"这门微课，可以直接现场讲解、现场录制，效果通常会很不错。

如果是跟语言表达有关的内容，音频能起到类似的作用。比如，"让客户'听'到你的微笑"这门微课，讲的是电话客服人员如何让客户感受到用心服务，就可以直接将优秀客服和较差客服的录音在微课中进行对比，这会非常直观形象。

动画在微课中也能起到类似的作用。例如，"电风扇的安装流程"这门微课要讲解安装操作流程，就可以直接使用动画演示。实际上，动画配上声音就成为一段视频了。

3. 演示/示范/道具

演示法就是现场操作示范，或者借助道具进行讲解。

例如"简单的抱法"案例中，抱孩子的医生就是运用了演示法，让受众对象很容易理解抱孩子的步骤和技巧。"孩子"实际上就是这次教学的"道具"。

4. 故事

故事的范畴比较宽泛，可以是真实的也可以是虚构的，可以是关于人的也可以是关于动物或者其他虚拟物体的，可以是现在的也可以是很久之前的。例如"××企业文化"这门微课，可以把创始人的故事，或者企业成立时发生的一些小插曲融入微课中，能让微课内容更加形象，易于理解。

5. 案例

案例是指还原某个工作场景，并借此分析、总结出某些知识点，而这些知识点就是微课要讲解的主要内容。例如，"如何安抚客户情绪"这门微课，首先非常细致地还原了某个成功安抚客户情绪的场景，然后分析、总结出此次安抚过程所用到的方法、技巧等，这些方法、技巧就是这门微课的主要内容。

案例与故事之间存在交集，有些故事本身就是案例的一部分。但是，案例通常都是真实的，而且要来自实际工作。无论案例还是故事，最后都要通过文字、视频、音频等形式呈现出来。

6. 情景

情景是指描述工作中发生的某些具体场景，例如描述具体的对话、表情、动作等，让受众对象在大脑中形成对应的画面。

7. 类比/打比方

类比是指用受众对象熟悉的事情或事物，来解释比较抽象的内容。

类比法对于抽象的、受众对象没怎么听过的概念，是一种非常有效的方法，例如，很多人对于"咨询顾问"这份工作不太理解，所以我向别人介绍时会说，"咨询顾问"特别像"医生"，只是这个医生是给企业看病的。医生会给病人开药，咨询顾问会给企业做培训、辅导等，帮助企业解决问题。通过这样的类比，即便完全不了解咨询顾问的人，也会快速对这个职业有所了解。再如，用"瞄准—射击—补刀"类比"激活动机—传递知识—回归目标"，其实也是类比法。本节开头描述宾利轿车贵的第二种方式，也是类比法。

类比法还可以跟图示、故事等其他方法结合，能起到更好的效果。例如，"什么是资产证券化"这门微课讲解的概念非常抽象，不易理解。有人就用了类比法进行讲解：某小龙虾厂商印了100元小龙虾礼品券，65元卖给了经销商，经销商80元卖给了客户A，A将小龙虾礼品券送给他的朋友B，B又以40元卖给了朋友C，厂商最后以50元向朋友C收购这张礼品券。在这个过程中，大家各取所需。如图4-2所示，厂商赚了15元差价，经销商赚了15元差价，客户A花了80元现金送了价值100元的礼物，朋友B不吃小龙虾卖给黄牛赚了40元，朋友C赚了10元差价。回过头来看，核心在于根本没有真正的小龙虾，只有一张小龙虾券。这就是"小龙虾证券化"。

有了上述用"小龙虾"类比"资产"的描述，再讲解什么是资产证券化，对于初学者来说就容易多了。类比法之所以有效，是因为这是在用受众对象大脑中已有的知识讲解一个陌生的概念。

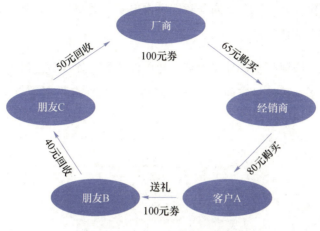

图 4-2 "小龙虾证券化"示意图

8. 对比/正反

对比是指使用两者或多者比较的方式，让受众快速理解知识点。例如，本节开始描述宾利轿车价格贵，对比了两种不同的方式，显然后面的表达方式更好。这里就是用到了对比法。

对比法在微课脚本设计中的应用非常普遍，其中正反对比是最常用的方式。例如"××产品介绍"这门微课，在介绍产品属性时，可以使用"旧品对比""竞品对比"的方式，让微课受众快速理解这款产品的优势和不足。

9. 数据

数据也是帮助受众对象快速理解内容的常用方式，尤其在期望对方接受、信任你的观点时更加适用。

例如"简单的抱法"这门微课，医生刚开始就讲他有近 30 年的工作经验，抱过近 1 000 个孩子。有了这两条数据，受众对象会立刻认为医生非常专业，从而对微课内容更加信任。

再如，"我眼中的××企业文化"这门微课需要让受众对象快速信任讲解者是有资质来讲解这门微课的，于是讲解者在最开始的自我介绍时，说："我用 3、7、19、28 四个数字简单介绍下自己。我在咱们公司担任过 3 个不同业务条线的负责人，曾经筹建过 7 家分公司，这些年获得过 19 次总部级奖励，在咱们这一

| Part 2 设计开发篇

行业我已经工作 28 年了。"这四个数字一讲出来,受众对象立刻就会感觉讲课的人很专业,值得信任。

以上就是在微课脚本设计时能够塑造画面感的九种素材。为了更方便理解和记忆,我归纳了九种素材之间的关联,并通过一张九宫格图进行呈现,如图 4-3 所示。

图 4-3 微课素材九宫格

之前我们讲过,素材的主要作用就是帮助微课的受众对象在大脑中形成与知识点相关的画面,从而让知识点易于理解,起到形象表达的作用。九宫格中的每一行,形成画面感的方式略有差异。

- 真画面:第一行素材能够直接形成真实的画面。
- 造画面:第二行素材是通过描述一件事的方式帮助受众对象形成对画面的想象,即塑造出画面。
- 巧画面:第三行素材能够快速在大脑中构建画面,有取巧之势。

九种素材在应用时侧重点略有不同。第一列素材更适合抽象内容变形象,所以当讲解概念、原理、原则等知识点时,特别适合借助第一列素材。第二列素材在微课中会让受众对象更加专注,从而学习内容也会非常具体、细致,相对来说比较适合讲解复杂的内容。例如"应急事件处理五部曲"这门微课,如果能通过一个案例或者一段视频来提炼、分析处理应急事件的五个步骤，效果往往会非常好。第三列素材能让受众更加信任你，所以当需要受众接受你的观点时，就格外适合。

在使用素材时，还应该注意两个原则：近和多。

"近"，指的是使用离受众对象更近的素材。例如，能用刚发生的就不用久远的，能用身边的就不用他人的，能用本行业的就不用跨行业的。从这个角度来讲，大多数寓言类素材、名人故事素材等，其实作用都不大，虽然在讲解时看起来非常生动，但是这类素材远离了受众对象的实际生活，其实际作用非常有限。

"多"，指的是在一门微课里要多种素材组合运用。通常来说，素材种类越多，微课就越显得丰富生动。如果一门微课中运用了五种及以上素材，受众对象往往会感觉讲解比较形象易懂。需要特别强调的是，"多"指的是种类要多，而不一定是数量多。

4.2 形象表达：没有素材的微课，就是一碗"水煮面"

本节我们通过实例进一步理解在撰写微课脚本时，如何更好地利用多样素材形成画面感，实现微课的形象化表达。

我们以电视台的新闻节目为例，新闻节目很擅长借助素材把原本枯燥的内容非常形象地表达出来，从而让观众觉得内容生动，并能轻松理解和牢固记忆。

现在假设我们要设计一档四分钟的新闻节目，主题是"在过去五年扶贫政策落到实处"。回想一下之前看过的新闻节目，这四分钟该分别做些什么呢？不难找到一个"万能模型"，如图4-4所示，第一分钟要讲解要点，第二、三、四分钟分别用画图表、讲故事、用案例的方式来加深理解。

如果把新闻节目的内容类比为微课脚本，第一分钟的讲解要点对应萃取知识，而后面三分钟就是对知识的形象呈现。我们来具体分析一下，四分钟内容分别如何设计。

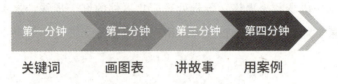

图4-4 新闻节目内容结构示意图

第一分钟：关键词

之前我们讲过，经过提炼的知识点更容易理解和记忆，大脑容易对关键词留下更深刻的印象。所以"扶贫政策落到实处"也要提炼出关键词，例如"数额大、影响深、范围广"等，并用1分钟左右时间对这些关键词进行进一步解释。

第二分钟：画图表

为了让观众快速认可我们的观点，可以使用数据法。将数据用各种柱状图、折线图、饼图或者是其他类型的图表表示，能够更形象地呈现观点。所以，接下来的1分钟左右时间，可以呈现过去与现在的数据对比，发达国家与发展中国家的对比，并借助数据图表加深观众的认可度。

第三分钟：讲故事

为了更形象地描述"扶贫政策落到实处"，帮助观众形成更形象的画面感，可以讲述一个脱贫致富的真实例子。所以，接下来的1分钟左右时间可以把镜头拉向偏远的小山村，一位老农现身说法讲解自己这几年生活的变化，再次证明扶贫政策落到实处。

第四分钟：用案例

最后1分钟可以使用真实案例再次证明扶贫政策落到实处。例如，可以请一位村支书进行总结，以自己所在的村子为例，讲述村里在过去五年是怎样变化的，观众的印象会更加深刻。

我们设计的这段新闻节目运用了多种不同的素材，例如，数字及图表对比、老农讲述亲身经历、村支书介绍真实的案例等。画面感正是由于这些素材而被创造出来，从而让内容也更加容易理解，观众会记得更牢固。

再来看一个微课脚本设计的例子。例如一门介绍自己公司的微课，希望新员工看到微课能够更加认可自己的公司,让新员工感受到公司是值得加入的。按照刚才的思路,先提炼关键词,再围绕关键词组合多种不同类型的素材进行呈现。

提炼关键词应该围绕"认可公司、值得加入"这个主题,例如,平台大、机会多、成长快、福利好等。

然后围绕关键词选择多种素材,例如通过数据、图表对比等,让大家有直观的感受;请优秀员工代表讲述他在公司的成长感受;展示公司连续获最佳雇主奖等奖项。有了这些素材,我们才能真正感受到这家企业确实值得加入。

素材应该成为微课脚本的必备品,而不是可选项。不过很多人的微课脚本却只关注知识点而忽视了素材。没有素材的微课,必定是枯燥的。我们来打个比方,如图4-5所示,微课的知识点就像"水煮面条",而素材是里面的"佐料"。一碗没有任何味道的水煮面条,怎么才能吃得下去呢?要么碗小面少,忍一忍就吃下去了,就好比一门短到只有1分钟的微课,讲的虽然枯燥,但是一会儿就看完了;要么实在饿极了,对这碗面条太渴望了,忍一忍也吃能下去,比如你的微课是介绍如何发放年终奖,再枯燥的内容学员也会很认真地坚持看完。

但是,企业微课的大多数应用场景不是这样的,微课一般不会那么短小,员工对微课也不会那么"渴望",所以"水煮面条"还是需要加点"佐料"才能吃下去的。素材不是可选项,而是必选项。

图4-5 水煮面条示意图

(图片来源:freepik.com)

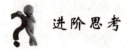 进阶思考

4.3 引导参与：巧设问题，你需要掌握四个技巧

我们先来看一个生活中的例子。假设你家里有个三岁小孩，他不知道炉子非常热、有危险。你怎么让他快速记住呢？现在有三种方法供你选择。

方法1：给他说千万不要去碰这个炉子，因为很热，有危险，连续讲十遍。

方法2：给他讲个隔壁家小明的故事，告诉他小明不知道炉子非常热，摸了以后烫伤了，你甚至还可以拿出小明的照片给他看手被烫得多么惨，然后提醒他注意千万别摸。

方法3：让孩子试着摸一摸炉子，摸完了可能就记住了。

哪种方法可能会让小孩记得又快又牢固呢？

前面两种方法也会有效果，但要说又快又牢固的方法，我想大多数人会选择方法3。方法3之所以记得最牢固，是因为他亲身参与了。

在教学设计中有这样的规律：学员的参与性越强，对知识点的记忆就会越牢固。本章开始提到的学习金字塔（如图4-1所示）也告诉我们，学习保持率比较高的三种方式为小组讨论、实际演练/做中学、马上应用/教别人，而这三种方式都是参与性很强的教学方法。好的教学不是一个老师只是讲、学员只是听的过程，而是一个交互的过程。

但是，我们之前也提到过，因为形式所限，这几种参与性强的方式在微课中通常是没有办法实现的。那么，在微课中该如何引导受众对象参与呢？

最常用的方法是通过"提问"，引导受众对象思考，让他感到不是完全被动地接受信息，而是在互动与交流。

"提问"在教学中是非常重要的,尤其对微课这种"师生分离"的教学模式更为重要。微课的"问题"该怎么设计才能更加有效呢?我总结了四个技巧,如图4-6所示。

图 4-6 设计问题的四个技巧

1. 周期提问 增加提问频率

按理说,微课脚本设置提问是很容易理解的,但实际上却不是我们想的那样。在过去的培训项目中,如果没有任何要求和提醒,超过三分之二的学员写出来的微课脚本完全是叙述格式的,没有任何的提问环节。所以,我通常的方法是把设置提问作为设计微课脚本的固定要求,并且适当量化。跟大家分享一个经验值,大概 1 分钟左右就可以有一次提问,正常 1 分钟微课对应的脚本文字(包含标点符号)大约 300 个字。换言之,如果脚本有 2 000 个字,那么可以包含六七次提问。

2. 封闭问题 优于开放问题

封闭式提问是指回答是与否或者有固定答案的提问,开放式提问多用于引发思考,没有固定的答案。例如,"你叫什么名字?""你是哪里人?"就是封闭式提问。

针对不同的用途应该选择不同的提问方式。传统教学通常鼓励提开放式问题,但是在微课中开放式问题太宽泛,学员很难跟着你的思路思考,因此建议优先使用封闭式提问。

3. 有问有答 营造思考环境

很多人在微课脚本设计时,常常是提出了问题后面紧接着就给出答案。比如提问"5+5=?","10"接着就出来了。这种情况非常普遍。提问是为了让对方思考，而直接给答案的提问无法触发思考，也就失去了意义。

简单地说，营造思考环境是通过提问之后的停顿做到的。所以，微课后期视频剪辑阶段也要注意该问题。常用的做法是，在遇到提问时设计一个独立页面，并且设置一个5～10秒的倒计时，时间到了再播放后面的答案页，这样就可以为学员营造思考环境。

4. 循序渐进 做好问题引导

如果问题比较难，观看微课时无法迅速想到答案，那么要循序渐进重新设计问题。例如，一门微课呈现了客户流失的整个过程，紧接着问了一个问题："导致客户流失的原因是什么？"

如果是传统面授培训，现场学员很快就沉默地低下了头，等待"救世主"的出现，想着先看看别人怎么回答。学员不愿意回答这个问题，根本的原因是他可能真的不知道要回答什么，不确定这个问题的答案。如果是微课这种"师生分离"的场景，遇到这种难以回答的问题恐怕要么快进播放微课，要么就直接关闭微课了。

所以，问题设计一定要考虑循序渐进，用封闭式问题来"搭梯子"，做好问题引导。回到刚才的例子，我们不妨拆分成三个循序渐进的封闭式问题。

问题1：当时客户李先生投诉的人是谁？

问题2：如果你是客服，当时会用A方法还是用B方法？

问题3：对于客户流失这件事，你认为X、Y、Z三个原因中哪一个可能性更大？

三个问题难度越来越高，从简单到复杂，而受众对象在一问一答中渐渐地找到了答案，也有了思考和参与。

4.4　牢固记忆：让学员印象深刻的三个方法

本节我们介绍卖个关子、激活旧知、设计练习三个具体的方法，这些方法能让微课脚本在学员大脑中留下更深刻的印象。

1. 卖个关子

什么是"卖个关子"呢？我也卖个关子，请先听我给你讲个故事。

2015年4月，我去宁夏银川做项目，抽半天时间去了当地著名景区西夏王陵旅游。我在景区门口等导游，顺便看了下景区的沙盘模型。我发现西夏王的坟墓都歪向一个方向，而且几十座坟墓都跟道路对不齐。当时我就很好奇，心里想着待会一定要搞清楚原因。如图4-7所示，后来真的看到坟墓果然歪着，我就问导游，导游跟我解释了原因。这是因为西夏王非常迷信，认为鬼神真的存在，所以自己的坟墓不直接冲着路，留着中间给鬼神走。所有的坟墓都向西边歪，这是因为西夏王认为有西方极乐世界。

其实，那天导游一路上讲了很多关于西夏王陵的故事，他讲得很生动，我听得也很开心，感觉好像都听明白了。但是一年之后，导游讲过的故事我基本上全忘记了，唯一记住的就是为什么坟墓修歪了。为什么记住了这一条？不是因为这一段导游讲的格外精彩，也不是因为重要的事情说了三遍，而是因为我是带着问题去听的。所以，带着问题学习，能够记得更牢固。

图4-7　西夏王陵图（周家栋拍摄于2015年4月）

"卖个关子"是指在讲解知识点之前，先抛出一个问题，或者制造一点"学习的障碍",引导受众对象带着问题看微课。人们往往对于带着问题听的内容,印象更深刻一些。卖关子的最常用方式是抛出问题,当然抛出问题可以有很多种方式,比如"连连看""填空题""来找茬""猜一猜"等,都可以成为卖关子的具体方法。例如,在讲"维修电风扇的五个步骤"之前,可以使用排序题来卖个关子,即先把五个步骤罗列出来,打乱顺序,设置10秒钟倒计时先请大家想一想正确的顺序应该是怎样的,然后再展示正确的步骤。

2. 激活旧知

旧知是对应新知而言的。旧知是大脑中已经有的知识,是已经掌握的。新知是要学习的新内容。激活旧知,是指在讲新知识之前,通过引导回忆、新旧对比等方式,让将要学到的新知识与大脑中已经有的旧知识建立联系。

例如"港币假币识别法"这门微课,可以先回顾一下人民币假币怎么识别(旧知),再来讲港币的识别方法(新知),学员就会记得更牢固。

为什么激活旧知可以让新知记得更牢固呢?

我们首先要理解什么是记忆牢固。记忆牢固是指什么时候用到这个知识,立刻就能从脑子里面提取出来。当存放在大脑中的信息无法在需要时立刻提取时,便称之为遗忘。人类的大脑可以类比为装满东西的屋子,每天我们都会往屋子里塞很多东西。存放的东西越多,想立刻寻找物品就会越困难。假设现在又去超市买了十几样东西,怎么放才能保证这些东西在想用的时候都能立刻找到呢?有人说放在显眼的位置,但家里不会有那么多显眼的位置,尤其是随着东西越来越多,显眼的位置会越来越少。

那怎么办呢?最有效的方法恐怕是把新东西放在与旧东西相关的、你非常熟悉(记忆牢固)的地方。比如把蔬菜都放到冰箱里跟旧蔬菜在一起,把玩具都放在玩具柜里跟旧玩具在一起,把买的书都放在书架上跟旧书在一起,把衣服都放在衣柜里跟旧衣服在一起,这样用的时候就立刻找出来了。

激活旧知就是帮助学员为新知识在大脑中找到相关联的、已经记得很牢固的旧知识,这样新知识就会记得牢固。

在微课脚本设计时,对于特别重要的知识点可以使用激活旧知法,让这个知识点在大脑中留下深刻印象。

3. 设计练习

设计练习是指设计能够引发学员思考、参与的教学环节。你可能会有疑惑，在微课中怎么设计练习？的确，微课没法进行复杂的交互性练习，但是只要能让学员不断地动脑子，这样的练习都是可以的，如简单的提问、有趣的测试等。

例如"设备安装六步骤"这门微课，把步骤讲完后可以再打乱顺序，先问大家正确的顺序应该是怎样的，然后通过动画动态呈现正确步骤。这就是设计了排序题练习。再如"高频异议应对术"这门微课，讲解营销时遇到三种高频客户异议的处理方法及应对话术。讲完之后，可以设计一个"连连看"测试题，把三种客户异议写在左侧，右侧写上对应话术，然后请大家思考后完成。这就是设计了"连连看"练习。

从上面两个例子可以看出，设计练习的方式可以很灵活，只要能够调动学员参与、思考的方法，都是好方法。

4.5 案例微课：案例型微课的设计流程

案例型微课就是把工作案例做成微课，这是微课中相对高阶的呈现形式。"案例＋微课"是"黄金组合"，案例能够有效地传播经验，而微课又是移动互联网时代最高效的传播手段之一。但是，很多人并不理解什么是"案例"，常常觉得举个例子就是案例，或者讲个故事就是案例。其实，案例需要从员工日常具有挑战性的工作中提炼出经验或者教训，并需要有复制和推广价值。

下面，借助游戏达人小七帮助别人玩好"跳一跳"小游戏的例子，从全局角度介绍案例萃取的过程。

2018年元旦，微信发布了"跳一跳"小游戏，如图4-8所示。经过一周的苦练，"游戏达人"小七获得了很高的分数，成为玩这个游戏的高手。

图 4-8 微信"跳一跳"小游戏

很快小七的朋友们也开始玩跳一跳,但是分数很低。越来越多的人来找小七取经,小七也很希望帮助他们。小七通常的做法是:

第一步,请他们观摩自己是怎么做的;

第二步,鼓励他们要多练习;

第三步,提醒他们一定要有耐心;

第四步,让他们回去自己练。

他们对小七连连表示感谢,然后离开了。但是,一周之后他们玩得还是不好,跟之前相比没什么提升。可见,小七虽然给予他们很多帮助,但是成效并不好,问题出在哪里?

通过观察发现,小七与朋友玩游戏的过程是不同的,小七跳的每一步都追求跳到正中间,格子的停留时间不同,玩时会关闭音乐,其他人几乎不是这样的。

带着这些问题,朋友再向小七取经。在交流中朋友了解到,连续跳到正中间会有递进奖励,有四种格子多停留几秒会有奖励,音乐常常会干扰思路,而这些非常有价值的经验,在小七之前辅导其他人玩游戏时,并没有说出来。

小七并非故意保留,而是有好的经验跟能把经验分享给别人是两件事儿,所以小七是茶壶里煮饺子——有嘴倒不出。

通过进一步的观察、访谈、对比、查阅资料,小七终于总结出玩好跳一跳的技巧:

- 跳到边缘能加 1 分,跳到靶心加 2 分;
- 连续跳到靶心,得分加倍递增;
- 在井盖暂停几秒加 5 分;
- 在魔方暂停几秒加 10 分;
- 在便利店暂停几秒加 15 分;
- 在黑胶唱片暂停几秒加 30 分;
- 关闭音乐能够防止误导判断和感知;
- 方块可以跳很多次,而且一定要有耐心。

接下来小七把这些技巧分享给其他人。这次效果比上次好了一些,但是还不够理想,大家的分数还是很低。为什么呢?可能有四个方面的原因:

其一,技巧信息量太大、太多,很多人想记却记不住;

其二,有些技巧很重要,但是却很难做得到,比如连续跳到靶心,得分会加倍递增,这对初学者来说很难;

其三,有耐心、多练习,这是态度问题而不是技能上的经验,能理解并不代表做得到;

其四,个别技巧不具有典型性,不是所有人都适用。比如在井盖暂停加 5 分的技巧,适用于有经验的人,而不适用于初学者。对于初学者,玩游戏时获得加分会很兴奋,接下来就容易出现失误,新手为了获得五分而增大失误率不太值得。所以，必须对提炼出来的技巧重新加工，进一步总结，才能得出所有人都受益的方法。

于是，小七重新总结了四个步骤：

第一步，跳的多得分多，继续跳下去是得分的前提，所以无论怎样都先争取落在格子上不掉下去；

第二步，把握机遇获得额外加分，黑胶唱片加 30 分，便利店加 15 分，魔方加 10 分，遇到这三样要停留得分，而遇到井盖也能加 5 分，但是建议熟练了再考虑停留；

第三步，控制节奏，同一方块可以跳多次调整节奏；如果累了，最好休息一下；关闭音乐，防止误导判断和感知；

第四步，四个提醒成为高手：

- 提醒 1，每当遇到彩蛋加分时，接下来的一跳要格外小心，这是最容易失误的地方；
- 提醒 2，使用手指滑动会大大降低失误率；
- 提醒 3，熟练之后追求每一跳都在靶心；
- 提醒 4，和别人一起玩会更有耐心。

于是，游戏的经验就被萃取出来了。经验被提炼为四部分，这更加集中也更容易被记住。但是，现在的经验还停留在纸面上，如何让这些经验帮助到更多人？

接下来，小七把这些经验配上形象的图片，加上文字解读和视频动画，做成一门视频微课，发送更多的朋友，于是这些经验得以迅速传播。为了让看微课的人记得牢固，微课的结尾制作了四句顺口溜，如图 4-9 所示。

图 4-9 顺口溜示意图

游戏达人小七教朋友玩"跳一跳"的过程，就是一次完整的案例开发。

回归到我们的工作和生活中，小七像所有企业的骨干员工一样，在某一项工作上做得比其他人更好，如果他的经验能够被更多人复制，那么他的经验将为企业创造更大的价值。但大多数骨干员工可能并不知道真实的经验是什么，或者在传播过程中缺少了设计、加工，影响了经验传播的效果。

案例开发的核心是萃取典型的、有效的工作经验。在过去，萃取的经验、开发的案例往往都是以文字形式存放于企业的文件柜中。没有被传播的经验，都是低价值的经验。在移动互联网时代，一门短小精悍的视频微课就很有传播力度。

要完成一门好的案例型微课并不容易，这是因为要做好一门案例型微课，需要同时具备三方面技能：

（1）经验萃取的流程；

（2）场景还原的技巧；

（3）制作微课的方法，而且案例型微课通常还需要拍摄情景剧，所以对制作环节来说，要求也相对比较综合。

本节我们讲述了"游戏达人"小七帮助别人玩好"跳一跳"小游戏的故事。这个故事包含了案例型微课的制作流程。你学到了吗？

 **实操练习**

4.1 九宫配料：三行三列九素材，一"近"一"多"两原则

- 请从图4-3所示九宫格中选出你最认可的三种不同类型的素材，并分别举例子。
- 请检查自己的微课，使用了哪几种不同类型的素材。

4.2 形象表达：没有素材的微课，就是一碗"水煮面"

- 请解释"水煮面"道理。

4.3 引导参与：巧设问题，你需要掌握四个技巧

- 请按照本节要求，优化自己的微课内容。

4.4 牢固记忆：让学员印象深刻的三个方法

- 请按照本节要求，优化自己的微课内容。

4.5 案例微课：案例型微课的设计流程

- 请描述案例型微课的设计流程。

第 5 章　妙笔：形象表达 文案生花

基础阅读

5.1　快速成稿：高效写作旁白脚本，前人经验分成三步

完成了微课的主题选择、知识萃取、教学方法设计，接下来就可以写旁白脚本了，即微课旁白的文字稿。微课最终是以视频呈现，所以旁白脚本是个过程文档。常有人问我旁白脚本是否一定要逐字逐句写出来，我的观点是写出来效率会更高。旁白文字稿至少有以下三个作用。

（1）高质录制语音

微课旁白的录音质量对一门微课来说是至关重要的，但是很多人在脱稿状态是无法流利、简练的叙述微课内容的，有稿子就不一样了。

（2）批量搜索素材

制作动画微课最耗费时间的是搜索"文图匹配"的素材。找图也有技巧，批量搜索图片会比一张张找更高效。如果有了旁白文字稿，就可以先梳理确定整个微课需要的素材，等到找素材时可以前后交替地搜索，相似素材集中搜索，这样效率会高很多。

（3）语音合成配音

如果不是自己录音，那写稿子就更有必要了。有了文字稿，就可以借助语音合成技术使用机器合成声音（七步入微提供免费平台，后续操作模块会专门介绍）。即便是自己录音，超过 1 000 字（3~4 分钟）的微课内容最好不是一个人录，否则会比较单调，可以在涉及总结、过渡、练习等内容时使用语音合成声音，起到"搭班子"的效果。

由此可见，撰写微课旁白脚本还是很有必要的。但是，对很多人来说一想到要写 2 000 个字就无比惆怅，也有人写的时候特别慢，两个小时才写完 500 字。那么，怎么才能高效、高质量地完成旁白脚本的撰写呢？

设计微课脚本是循序渐进的过程，高效撰写脚本建立在思考完善的基础上，即从选题到内容，再到教学方法设计，是一步一步的，而不是直接开始写旁白稿。在此基础上，我总结了三个步骤，如图 5-1 所示，帮你高效写作旁白脚本。

图 5-1　高效脚本写作的三个步骤

1. 权衡要点，分配资源

权衡要点是指判断内容的重要程度，分配资源是指依据内容的重要程度分配脚本的字数。这一点很好理解，也很简单，是写好脚本非常重要的前提。

我先讲个故事。1984 年，日本有一位叫山田本一的马拉松运动员，每次比赛都是第一名。当年就有日本记者采访他说："山田先生，你跑马拉松这么厉害，有没有什么秘诀或者窍门？"他思考后说："我没什么秘诀，如果有就是刻苦训练。"后来到了1996年，山田本一退役后写了本自传，其中讲到当年记者采访时他撒谎了，他跑马拉松是有秘诀的。

大家知道，跑马拉松对运动员最大的挑战不是体力，而是实在太远了，根本就不知道跑到什么时候。跑马拉松的前一天运动员一般都会去看看场地，山田本一也会去看场地，但是他跟别人的方法不一样。他会看离他较远的建筑物是什么，比如A大厦，到了A大厦之后再找前面的建筑物，比如B大厦，然后继续往前找。等到第二天比赛时，"我并没有想终点在哪里，我想的是下一个目标在哪里。"

这个故事是很久之前在杂志上看到的，无从考证真假。但是故事背后所讲的道理是非常正确的，那就是应对复杂的问题、不好解决的问题，有一个简单而有效的方法：分解。

回到撰写微课旁白稿，我们遇到的问题就是脚本太长了，无从下手，这时候需要权衡要点、分配资源，分解后再写稿子就容易多了。举个例子，如图5-2所示，某微课计划讲7分钟，那么脚本大约1 900字。开头结尾一共分配了600字，中间重要的传递知识部分1 300字。传递知识部分使用了Why-What-How的结构，最重要的How分配900字，次重要的Why和What一共分配400字。How部分又有三个模块，按照重要性继续分配字数。至于400字是否需要继续分下去，看个人情况，如果觉得接下来可以写稿了，就可以不用再分。

分配资源的唯一原则就是越重要分配越多字数。实践证明，这样做能够大幅提高撰写微课旁白脚本的速度。尤其是在企业集中培训时，权衡要点，分配资源，保证了整体效率，同时还能让微课结构更科学。最终做完的微课最重要的内容占最大篇幅，避免头重脚轻。

2. 专注码字，高效成稿

专注码字，高效成稿，是指营造一个有助于集中注意力的外部环境，一次性高效完成稿子。写稿子千万不能拖，越拖越慢，所以设置时间点一次性完稿很有必要。在七步入微课堂上，80%的学员都能够做到一小时完成大约1 500字的目标，甚至有的学员能够超过2 000字。这里也有些小技巧。

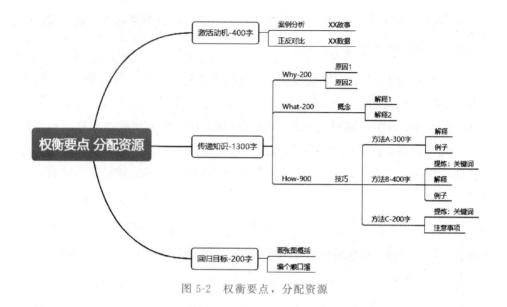

图 5-2　权衡要点，分配资源

我发现企业中做微课的人可以分成两类，一类是"笔杆子型"，喜欢使用计算机打字；另一类是"嘴皮子型"，不喜欢用计算机打字，或者因为工作、年龄等原因不太会用计算机，但是擅长说，脑子里有大量经验可以写成微课脚本。

对于"笔杆子型"，可以分享如下经验。

首先，选择简单的工具。Markdown 或者记事本都会有助于你专注于更重要的内容，而不是关注怎么排版更漂亮。

其次，科学管理时间。我比较喜欢使用"番茄工作法"，即每 25 分钟集中精力不被打扰地完成一个任务。每 25 分钟就叫作一个"番茄"。在写作脚本时可以运用这个方法，比如设定一个番茄的目标是 800 字，然后管住自己专心码字 25 分钟，这期间尽量减少手机等外界干扰。

最后，营造专注的环境。推荐使用白噪声工具，如下雨、潮汐、流水等持续的随机声音，让你更加专注。

简单总结一下，选择简单的工具，专注内容而非格式，设置番茄时间，集中精力逐个击破，戴上耳机打开白噪声，营造专注环境码字，微课脚本很快就能写完。

对于"嘴皮子型",可以分享如下经验。

第一步,说脚本,同时使用手机或计算机的录音软件把声音录下来。

第二步,转文字,使用讯飞语音 App 或者搜狗输入法等工具,选择语音转文字功能,将录音转换成文字稿,一般来说准确率在 90% 以上。

第三步,做校对,检查转换的文字稿是否准确,并优化调整。

上面的方法也是我一直在用的方法,这样效率会非常高。唯一美中不足的是此类工具需要付费,但好在费用很低,而且新注册用户会有一定时长的赠送,如果你只是做微课用,赠送的时长也足够了。

3. 检查修改,口语呈现

检查修改,口语呈现,是指在脚本的最后检查阶段,想象听众就坐在对面,要尽量使用口语化的方式让听众容易理解你的内容。

到此,脚本就可以定稿了。

5.2 脚本案例:细致剖析微课脚本

我们来看一篇微课脚本,题目是"用画面感塑造语言的带宽"。需要特别说明的是,本文节选自《5 分钟商学院·个人篇》,作者刘润,得到 App"五分钟商学院"主理人。

先来看开头,作者先用大约 200 字篇幅激活学员的学习动机。

有一辆宾利轿车很贵,售价 888 万。在演讲中,你希望让大家知道这辆车真的很贵,很贵很贵,你会怎么说?真贵?非常贵?真是太贵太贵了?反正我是买不起?这些表达,都没有办法让大家对于这个"贵"有一个感性的认识。够在上海买一套房子了?相当于 40 个人的年薪?这个表达好一些,已经可以让大家有些感性的认识了。但还是不够。我比较喜欢这个表达:这辆车到底有多贵?一个农民,从商纣王还没有出生的时候就开始工作,不吃不喝一直干到社会主义初级阶段,也许才能买得起一辆这样的轿车。

这种表达会让听众经过小思考、小探索，自己产生"贵"的感觉，而不是你用一个字，告诉他"贵"这个结论。这种豁然开朗的感觉，甚至会让听众发出"哇哦"这样情不自禁的惊呼，来自你刻意营造的"画面感"。

上面这一部分就是我们常说的激活动机"瞄准"。作者用了两种方法：痛点问题，正反对比。尤其是关于农民的这段描述非常精彩，吸引了学员的注意力，并且让学员感觉到自己讲的还不够好，从而对接下来的内容充满了好奇。

接下来，进入正文传递知识的部分。请继续阅读，注意看主线逻辑、具体知识点及正文写作方法。

概念：画面感

什么是画面感？

演讲，是通过语言传递信息的能力。但是，语言其实并不是最有效的传递信息的工具。语言传递的信息量小于声音；声音传递的信息量小于画面。所以，听众从一场演讲中获得的信息，通常只有7%来自语言，38%来自语调与声音，而其余55%则来自肢体语言，来自他们眼睛看到的画面。

啊？也就是说，我花最多时间准备的文字讲稿，其实是一场演讲中，最没价值的东西啊？是的。因为人们喜欢看，而不是听你读。

那怎么办呢？试着让听众用眼睛看到你的语言中的布景，让他们用眼睛来听演讲。这就是所谓的画面感。

"一个农民，从商纣王还没有出生的时候就开始工作，不吃不喝一直干到社会主义初级阶段"，一段5秒钟的短片，就这样在很多人的脑海中浮现，让人印象深刻。

画面感，可以极大地增加语言的带宽，把复杂的情绪编码在简单的文字中，传递给听众。

刚才的内容是正文的前半部分，之后的内容为后半部分。其实这篇文章的写作，使用了非常经典的Why-What-How逻辑结构。

Why：画面感的价值。作者用了一组数字来让我们感受到画面感的价值，即

7％来自语言，38％来自语调与声音，而其余55％则来自肢体语言。之后，又在文中讲到，画面感可以"极大地增加语言的带宽，把复杂的情绪编码在简单的文字中，传递给听众"。

What：什么是画面感。作者提炼了"让听众用眼睛看到你的语言中的布景，让他们用眼睛来听演讲"这句话，来描述画面感的概念。

接下来，进入正文的后半部分，即 How 的部分。请注意这一部分的写作方法。

运用：构造画面感的几个小技巧

那怎样才能构造画面感，然后用画面感增加语言的带宽呢？我教大家几个小技巧。

第一，具体到细节。

画面感来自具体的甚至细节的布景。有道具，尤其是越具体、越细节的道具，越有画面感。

比如你想说"大家现在用微信的时间真长"，充满画面感的说法是"你们有多少人像我一样，早上起床之后，先刷朋友圈……（停顿一下）……再刷牙？"有床、有牙刷，有一个具体的场景。

再比如你想说"我希望黑人和白人获得平等"，充满画面感的说法是"我梦想有一天，在佐治亚的红山上，昔日奴隶的儿子将能够和昔日奴隶主的儿子坐在一起，共叙兄弟情谊。"佐治亚的红山，是关键的细节道具。

第二，善于用类比。

把一个抽象的东西用一个具象的东西做类比，把一个不熟悉的东西用一个熟悉的东西做类比，很容易产生"画面感"。类比的关键，是善用"相当于"这个连词。

比如，你想说《刘润·5分钟商学院》有10万学员这个抽象的数字，应该拿一个具象的东西做对比，比如钱。充满画面感的说法是"假如每期《刘润·5分钟商学院》帮你节省1小时瞎琢磨的时间，你每小时的时间成本是100元，那

10万学员,一年260期,'相当于'帮助大家节省了价值26亿人民币的国民总时间。"

……

第三,点睛用排比。

排比句可以给画面感增加冲击力。一个演讲中,在关键时刻使用2～3次排比句,可以给大家极其深刻的印象。

比如,我梦想有一天,在佐治亚的红山上,昔日奴隶的儿子将能够和昔日奴隶主的儿子坐在一起,共叙兄弟情谊。我梦想有一天,甚至连密西西比州这个正义匿迹、压迫成风、如同沙漠般的地方,也将变成自由和正义的绿洲。我梦想有一天,我的四个孩子将在一个不是以他们的肤色,而是以他们的品格优劣来评判他们的国度里生活。

排比句是大菜,就像红烧肘子,要用,但是也不能多用,否则听众会觉得口味太重。

这一部分是重点,所以占据的篇幅也比较大,大约有900字。大多数技能型课程,How模块占的篇幅都比较大。作者讲到了三点,分别是:具体到细节、善于用类比、点睛用排比。这三个就是文章的核心知识点,也是"干货"部分。

如果你仔细阅读,会发现三个知识点的讲解过程是一样的,即"提炼关键词＋一句话解读＋举几个例子",除了第三个知识点有"注意事项"作补充,前面都是一样的。借助这篇文章,我们也提炼出了脚本写作可以参考的范本:"关键词＋解读＋例子"。

下面继续阅读结尾,即"补刀"的部分。

小结:认识画面感

画面感就是通过语言构造布景,让听众用眼睛来听演讲的能力。画面感可以极大地增加语言的带宽,把复杂的情绪编码在简单的文字中,传递给听众。怎么增强演讲中语言的画面感?几个小技巧:具体到细节,善于用类比,点睛用排比。

文章最后回归目标"补刀"的内容比较简单,做了主要知识点的回顾。如果能够换一种方法,例如画一张图或者编一个口诀等,使用新的方法再讲一遍效果会更好。

以上就是对"用画面感塑造语言的带宽"脚本的分析。全文(含标点)接近1 800字,下面我们用一张思维导图(如图5-3所示)重现微课内容。

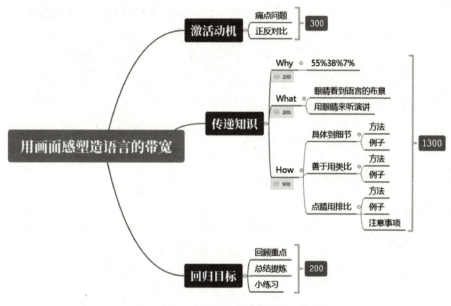

图5-3　内容框架思维导图

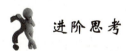

进阶思考

5.3　包装题目:吸引人的题目,只做到了一半

设计微课还有个不能忽视的小细节,就是微课题目要一"名"惊人。与传统课程开发不同,微课是师生分离的自主学习模式,将来学员看与不看你的微课,

题目就像敲门砖一样,起到了比较关键的作用。好的题目不仅能够吸引学员的注意力,更重要的是让学员带着更多期待听你讲课。而且,好的题目还是塑造课程品牌、提高课程辨识度的有效方法。通过课程题目,能更好地表现出课程的价值,优秀的课程题目是对课程内容的升华和提炼。这就像人的名字一样,好的名字能够让我们更早一步区别于其他人。那么,我们该如何让微课题目一"名"惊人呢?

我们先来看几个例子,请你想一想,以下几个课程题目,如果满分为 10 分,你会给它们打几分?

- 赢在中层

- 营销王道

- 你不可不学的一门销售课

- 飞雪连天射白鹿

- 会计知识

- 客服沟通技巧

- 柜员日常工作流程

这几个课程题目都不算好。概括来说,普遍问题有两个:含糊不清,或者太过普通。例如,"赢在中层""营销王道",看不出来课程的主要内容是什么,对学员来说,课程的方向感就不强。"你不可不学的一门销售课""飞雪连天射白鹿",更是含糊不清,学员无法快速抓住课程主旨。"会计知识""客服沟通技巧""柜员日常工作流程",这几个题目虽然内容方向清晰,但是题目非常普通,对学员来说也就没有什么吸引力。

微课题目最普遍的问题就是含糊不清或者太过普通。要解决这两个问题,需要让微课题目同时具备两个特征:吸引人+看明白。

- 吸引人:微课题目能够抓人眼球。

- 看明白:微课题目体现关键内容。

那么，具体如何做到这两个点呢？可以使用"推、动、双、核"四个方法。

- 推：价值推广法。
- 动：行动计划法。
- 双：主副标题法。
- 核：核心内容法。

价值推广法就是将学习完微课的收获在题目中表述出来，可以套用这个公式："关键词＋广告语"，例如，"压力呼叫转移""巧用三招，'诉'战速决"。

行动计划法就是将课程内容转化为具体的行动，可以套用这个公式："如何＋动词＋你想讲的内容"。例如，讲授管理者公众演讲能力的课程"如何巧用三招克服演讲紧张"、讲授信用卡市场活动的课程"如何让卡'动'起来"。

主副标题法即主标题＋副标题的结构，可以套用这个公式："吸引关注的主标题＋捅破窗户纸的副标题"。例如，"'会'乐启航：会计基础知识入门一点通""新掌柜：柜员一日工作流程""财富密码：基金业务基础知识培训""生死300秒：职场火灾快速自救的关键方法"。

主副标题法是非常常用的方法，也是比较容易学会的方法。主标题可以是成语、歌名、书名等一切大家熟识的词语，副标题直接聚焦于课程要讲授的知识点。主副标题法还常常和其他方法进行组合，让课程题目更加抓人眼球。例如，"妙笔：公文写作的三个绝佳技巧""提炼干货：知识萃取的四个维度""关键对话：客服沟通技巧的五项修炼"。

核心内容法即直接把最"干货"的内容，提炼成模型写到题目里。例如，"五维领导力""高效能人士的七个习惯""望闻问切识假币""向拖延说No!：高效时间管理TOP法则"。

以上就是设计微课题目的四个方法。抓人眼球的微课题目既有助于课程品牌建设，也有助于学员学习，对微课来说是锦上添花的好事。较为普遍的问题就是含糊不清或者太过普通。想解决这两个问题，需要让课程题目同时具备两个特征：吸引人＋看明白。具体来说，有"推、动、双、核"四个方法。

同时请注意，事实上微课题目的设计思路是开放的，只要能"吸引人、看明白"，无论怎样的格式都是好的。而且，题目的设计一定是站在学员角度去思考的。我们前面举过一个例子，原本题目叫"飞雪连天射白鹿"，这个题目从学员的角度就很难直接看明白。后来，他改为"飞雪连天射白鹿 产品营销新思路"，这个题目就好多了。最好的吸引人的方式，是让对方在题目中就看到你要讲的是什么，让对方感受到对自己有价值。

最后需要特别提醒的是，微课的题目并不适合进行过度包装。例如"你不可不看的一门销售课"这样的题目，就有些不妥了。所以，我并不建议大家一味追求题目的花哨，更不要追求所谓"标题党"。只要同时做到"吸引人"和"看明白"，就是一个好的微课题目。

 实操练习

5.1 快速成稿：高效写作旁白脚本，前人经验分成三步

- 请尝试将自己的微课脚本在"权衡要点"后分配字数。

- 请在搜索引擎中查询"番茄工作法"，并尝试一次 25 分钟的脚本写作练习。

- 请在搜索引擎中查找"白噪声"，选择自己喜欢的白噪声类型，并尝试在白噪声状态下进行写作练习。

5.2 脚本案例：细致剖析微课脚本

- 请在此案例的基础上，完成自己的微课脚本。

5.3 包装题目：吸引人的题目，只做到了一半

- 请尝试为自己的微课设计一个满足"吸引人"＋"看明白"要求的题目。

Part 3　制作呈现篇

第6章 良工：微课速成 高效精良

基础阅读

6.1 庖丁解牛：详细剖析微课的构成元素

第一次做微课常常会有"无从下手"的感觉，这是因为对微课太陌生了。怎样才能快速破除这种陌生感呢？我想最好的办法就是找一门微课，一点点拆解开，研究清楚微课是怎么构成的。这个道理就好比你从来没造过汽车，我想让你学会怎么造汽车，最快的办法当然是先找一辆汽车拆了研究研究。

接下来，我们就拆一门微课研究其构成元素。

请先观看视频微课"用画面感塑造语言的带宽"，并思考：这门微课是怎么做出来的？在制作时有什么要点？

> 请在"混合学习实验室"公众号回复关键词"画面感"，获取此视频播放链接。

下面我们来分析这门视频微课的构成元素。从接收信息的角度来讲，一门微课是由两部分构成的，分别是学员眼睛看到的页面内容和耳朵听到的声音内容。

眼睛看到的主要包含文字、图片和动画。

(1) 文字

页面中的文字有两类,一类是页面上的关键词句,另一类是底部的同步字幕。关键词句就是在页面上出现的词句,在上面的视频案例中,出现的文字并不多。一般来说只有极其关键、极其重要的字,才放在页面上面。这是很多人做微课会遇到的误区,总是觉得要讲的文字一定要全部写在页面上才可以。其实不是这样的,文字过多学员的关注点会分散,而且长时间盯着同一页面看大段文字,学员会烦躁。当然也不是说越少越好,因为微课是教学用的,毕竟还是要以传播知识为核心任务,所以页面上要保留关键词句。除了页面上的关键词句,底部一直有同步字幕显然微课效果会更好。添加字幕并不麻烦,我们在后面会专门讲解。有了字幕,更要做到页面上仅保留最重要的关键词句。

对于页面上的关键词句,最关键的制作要点是"重点突出",这样才能起到强化记忆的作用。所以,文字一般要做的比较大,对于特别重要的标题甚至建议使用 60~80 号字。除此以外,使用艺术字、四周留白等技巧也能让文字重点突出(在本书第 7 章会有进一步讲解)。你可以再次观看前面的视频案例,注意观察里面文字的设置。

(2) 图片

微课的图片素材可以分为两类,一类是修饰性素材,比如在微课中出现的卡通人物或者好看的背景,主要作用是让页面变得好看,实际上没有具体意义,删除或更换图片对微课效果影响不大;另一类是形象化素材,也就是与课程内容保持一致,能够实现"文图匹配"的素材,能够在学员脑中形成画面感。回到前面的视频,仔细观察里面所用到的图片,大多数都是"文图匹配"的形象化素材,也就是所用到的图片都是跟页面内容保持一致的。

"文图匹配"是素材选择的核心原则,同时这也是制作微课的难点之一。原因是找到与内容相一致的图片,对搜索能力的要求比较高,同时还需要时间允许。很多微课做完之后,总是感觉差点事儿,很可能问题就出在这儿。

(3) 动画

动画是把双刃剑,用好了吸引人,用不好会分散学员的注意力。

使用 PowerPoint 制作动画微课通常是非常耗费时间的,所以这也成为很多企业制作微课的阻力。动画微课耗费时间具体来说有两个原因，其一是做动画本身就特别耗费时间，而且没有捷径，因为要设置很多参数，甚至会遇到为了做10秒动画，而花费了两三个小时的情况；其二是动画依赖素材，尤其是需要大量合适的图片素材，搜索能力强的人会快一些，但整体上还是比较耗费时间。

基于这些现实问题，我建议企业员工做动画时遵循两个原则：按需设计，拿来主义。怎么理解呢？

按需设计就是仅在需要的地方添加动画。这里的"需要"通常指两个地方，其一是起到强调作用，需要吸引别人注意力的地方，例如讲到特别重要的知识点，可以使用动画呈现出来；其二是起到转场作用，需要从一部分过渡到另一部分的地方，例如第一部分讲完了，增加一个过渡动画再开始第二部分。其他的地方可以不加或者少加动画。

拿来主义就是优先直接复制粘贴可以动的素材。例如，使用已经做好的PowerPoint动画模板而不是自己做动画，或者GIF动图素材，再或者使用视频素材等。这些素材一样可以让页面动起来，且高效很多。对于做微课的企业员工来说，一定要和专业动画制作区分开，最重要的是高效，追求页面呈现的性价比而不是追求完美呈现。在我看来，完成比完美更重要。

现实中也会遇到这样的情况：有些人因工作需要做微课，但是真的没有太多时间来做，或者对操作非常不熟悉。这种情况该怎么办呢？其实一个动画都不做，也可以让页面动起来。方法很简单，就是做足够多的页面。举个例子，如果1分钟微课做了10个不同的页面，那么平均6秒换页，也就相当于6秒页面就会动一次。当然，对于企业员工做微课来说，其实不需要页面6秒就动一次。那多长时间动一次合适呢？我分享一个经验值：15秒原则，即最多过15秒就需要有内容切换。需要注意的是，15秒是及格线，如果希望做得更好，10秒以内是更佳的选择。现在请再回到前面的视频案例，仔细看里面的动画设计，你会有更清晰的认知。

再来分析耳朵听到的，也就是旁白和音效。

（1）旁白

旁白语音主要是自己录制，最常用的办法是使用计算机录音，最后和页面合成视频。如果微课比较长，比如超过3分钟，那么一个人的声音会比较单调，可以找一个人"搭班子"，而且最好找跟自己的声音差异比较大的人。

我们也可以使用"合成音"，就是让机器人把我们的文稿朗读出来。你可以选择付费的配音阁网站（peiyinge.com），或者七步入微微课百宝箱（7.andTeacher.com）的文字转语音系统进行在线语音合成，后者目前是免费使用的。

（2）音效

其实音效可以分成两种：背景音乐和强调音效。

对于教学视频来说，微课的背景音乐不是必需的，是可选的。在旁白足够好的情况下，是可以没有背景音乐的。背景音乐也可以是局部的。

背景音乐也是双刃剑，用不好会出问题。你可别小看这个细节，我每年辅导的微课制作项目上，至少有20%的背景音乐是不合适的。普遍遇到的问题有三个，不过我想先请你独立思考以下问题，然后再看后面的分析：

- 问题1：大音量，还是小音量？

- 问题2：有歌词，还是无歌词？

- 问题3：熟悉曲调，还是陌生曲调？

下面我们做简要分析。问题1一定是小音量，音量太大会喧宾夺主。这个问题挺好理解，也很少有人选错，但是实践中发现很多人第一次做微课都会把背景音乐声音调得很高，希望你在做微课时避免出现这样的问题。问题2要选择无歌词的，原因是歌词会干扰学习。这个问题也很好理解。问题3很多人会拿捏不准，我的建议是选择陌生曲调。如果播放一首所有人都很熟悉的曲子，看微课的人一会儿就会跟着哼哼了，所以陌生曲调更好一些。

与背景音乐相比，我觉得音效更重要一些。音效实际上类似于"动画"，都是为了起到强调、过渡的作用，只不过动画是通过视觉进行传播，而音效是通过听觉进行传播。因此音效也要遵循"按需使用"的原则，即只在需要强调和过渡的地方使用合适的音效。例如，每次遇到重点知识，可以有冒气泡的声音表示强调；每次遇到小结，可以吹一下喇叭表示转场过渡。

除了眼睛看到的、耳朵听到的，学员的"整体感觉"也很重要。也就是说，还要关注整个微课的节奏。微课不要像快闪视频一样快节奏地不断灌输，而是要给学员以缓冲的时间。这种缓冲既可以借助页面不同颜色、章节过渡页、固定转场动画等方式，也可以借助固定的音效、"搭班子"录的声音（两个人合作录旁白或者使用机器人合成音等），还可以是人为制造的停顿，例如思考时、章节回顾、重要知识点等。你可以再次观看本节的视频案例，注意其中有很多人为设计的停顿在里面，也有一些故意设计的缓冲，通过再次观看视频你能对这一部分有更深刻的理解。

本节的内容较为琐碎，所以我整理了关键知识点，用一张思维导图进行总结，如图 6-1 所示。

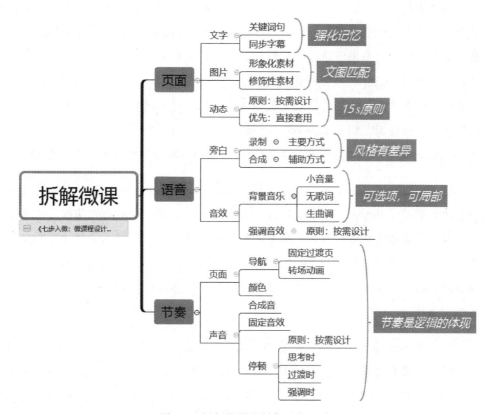

图 6-1 视频微课的制作要点汇总

6.2 制作步骤：七个步骤，速成视频微课（标准版）

下面，介绍使用 Office 办公软件制作微课的整体流程。

一般来说，PowerPoint 2010 以后的版本以及订阅版 Office 365，都能够胜任微课制作。金山 WPS 2019 版也能胜任，WPS 2016 版也可以，但有少数功能需要借助外部插件。无论是 PowerPoint 还是 WPS，最大的问题是它们不是专门制作微课的工具，很多功能的默认设置，对于做微课来说不够方便，甚至会有一些小麻烦。

虽然如此，它们依然是企业或非专业人士制作微课的最佳选择。首先，它们是普遍性的办公软件，尤其是 PowerPoint，几乎是职场上应用最普遍的工具，没有学习门槛，这有助于快速动工制作；其次，它们的功能已经足够强大，新版本软件已经完全能胜任做微课的关键任务，偶有软件短板（如添加字幕等），我们可以借助简单的外部插件实现功能弥补；再次，对职场人来说学习其他工具可能只能用来做微课，但是 PowerPoint 和 WPS 不一样，学了总没有坏处。只要用 PowerPoint 做过一次视频微课，对幻灯片制作能力的提升就会有很大的帮助。

刚才讲过，PowerPoint 和 WPS 都不是专门用来做微课的，所以我们并不需要系统地学习这些软件的所有功能，而是只研究与做微课相关的功能。也就是说，基于完成微课任务的目的，而学习软件的功能。为了帮助大家快速掌握制作过程，我从 2015 年开始编制了"视频微课制作流程图"，几经优化调整，找到了最佳制作路径。对于初学者来说，最好严格按照七步入微流程图制作微课，这样能事半功倍。

由于 PowerPoint 和 WPS 两款办公软件在功能上相似，本书接下来关于软件操作的内容都是以应用更普遍的 PowerPoint 为例进行介绍，对于 WPS 软件若某模块功能有较大差异则会进行补充介绍。PowerPoint 也分若干不同版本，界面会略有差异。本书所有配图使用 PowerPoint 365 版本，如果你的软件版本是 PowerPoint 2013/2016/2019，与 PowerPoint 365 看到的界面几乎是完全一样的；

如果你的软件版本是 PowerPoint 2007/2010，与 PowerPoint 365 版本大多数界面是相似的，若某模块功能有较大差异则会进行补充介绍；如果你的软件版本是 PowerPoint 2003，建议升级软件或者使用 WPS 最新版。

先来整体看一下使用 PowerPoint 软件制作微课的七个步骤，如图 6-2 所示。

- 第一步：确定版式，注意检查 PowerPoint 文件版本。
- 第二步：设计内容，主要是指平面页面所呈现的文字与图片。
- 第三步：录制旁白，为页面录制旁白语音。
- 第四步：添加动画，为页面元素和页面间切换转场，按需设计动画效果。
- 第五步：设置时间，设置每一个页面的播放时间以及切换效果。
- 第六步：生成视频，生成视频微课初稿。
- 第七步：剪辑优化，使用其他工具添加视频字幕、音效等，进行后期制作。

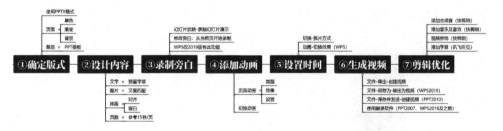

图 6-2　七步入微视频微课制作流程图 V4.3（标准版）

下面，我们介绍每个步骤的具体内容。

1. 确定版式

首先，请确认打开的文档版本是".PPTX"格式，而非".PPT"格式。这是因为".PPT"格式对音视频兼容性不好，插入太多音频视频文件会出现兼容性异常，或者简单地理解为有问题。例如，插入一段背景音乐，设置为循环播放但就是不循环；插入一段视频在播放时，自动旋转了 90°或者变为黑屏；在页面的一段视频上方插入一张图片,在播放时却发现图片消失了。

出现这些问题,看似软件出现了问题,其实是因为你的文件格式不对,改为 PPTX 格式一切都好了。

若不显示 PPT 扩展名(这是因为计算机设置的原因),可以看一看页面的最顶端是不是有"兼容模式"或者"兼容性模式"字样。若有,就说明这个文档是".PPT"格式的;若没有,就说明是". PPTX"格式的,如图 6-3 所示。

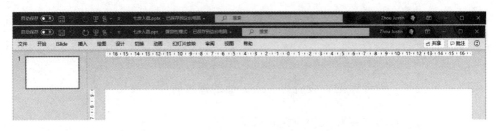

图 6-3 兼容性模式演示

有两种方法可以将".PPT"格式变为".PPTX"格式。第一种方法是,单击"文件"→"信息",如图 6-4 所示,找到"兼容模式"转换按钮,单击,在弹出的对话框中直接单击保存即可。

图 6-4 转换兼容模式界面

第二种方法是使用"另存为"功能,但要注意如果不显示扩展名,你可能找不到哪一个是".PPTX"格式。此时你可以选择"PowerPoint 演示文稿",如图 6-5 所示,这就是".PPTX"格式,通常是保存类型中的第一个。

图 6-5　保存类型菜单界面

接下来要检查一下页面比例。视频微课一般都是宽屏的,所以比例应该为 16∶9 或者 16∶10。实际上新版本的 PowerPoint 页面默认就是宽屏的,如果你的 PowerPoint 打开后是 4∶3 页面,需要先在"设计"选项卡找到"幻灯片大小",调整幻灯片页面比例,如图 6-6 所示。在这里选择"自定义幻灯片大小",还可以将页面设置为竖版,有少数微课要求是做竖版的,可以在这儿设置。

对于 PowerPoint 2010 及之前的版本,此处操作为单击"设计"→"页面设置"(在最左侧位置),然后调整幻灯片页面比例。

对于微课页面,建议不要直接选择幻灯片模板,这样做微课的"PPT 感"会很强。我们做的是微课,只是用到了 PowerPoint,这一点请一定要清楚。所以,在做微课时要"去 PPT 化",尽量不要使用幻灯片模板。至于微课页面,一张与内容相匹配的背景图,或者简单的单色调页面背景,再或者渐变色的背景,都是非常好的选择。本书所配套的视频微课,在制作时都遵循了这样的原则。你不妨再回看这些视频微课进行验证。

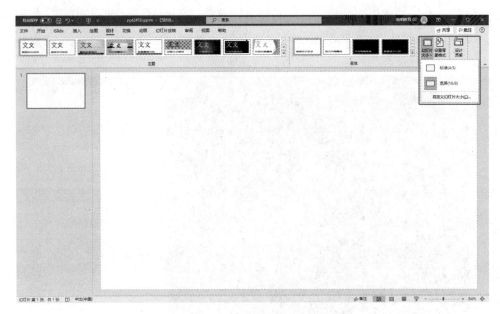

图 6-6　调整幻灯片大小

2. 设计内容

设计内容主要是指微课页面的平面设计，包含文字、图片，以及二者的排版布局。

文字设计需要重点突出，预留字幕。制作时，文字一般都是 20 号字左右，但是做微课的字号要大一些。幻灯片一般是在计算机上制作，完成后通过投影仪观看，同时还有人在讲解；而微课是在计算机上制作，完成后在手机上看，在观看时只有视频在播放。这是完全不同的应用场景。所以，实际上我们只是用到了 PowerPoint，做的并不是幻灯片。

对于标题建议用 60～80 号字，对应在手机屏幕上，就像是苹果手机的 HOME 键那么大。有些内容需要比较小的字，也最好比底下的字幕大一些，至少做到 20～30 号字，再小的话在手机屏幕上就看不清楚了。

图片要尽量做到文图匹配，也就是要使用与微课旁白内容相匹配的图片，这样微课旁白内容才能更形象化地呈现出来。例如，微课页面上想表达"一人学微课，全家乐融融"，可以找到一张跟这句话相匹配的图片，如图 6-7 所示，这就做到了文图匹配。

图 6-7　形象化素材演示

文字重点突出，文图匹配，这样一个简单的微课页面就完成了。

很多人都问我，一个微课到底做多少个页面呢？这个问题其实挺难回答，因为一个页面可以放很多动画变换，也可以停滞在那儿不动，的确有人能够做到只在三五张幻灯片上展现动态效果很好的微课内容。但是，尽管我做了这样的解释，还是很多人问要做多少个页面。我提供一个容易理解的参考标准：15秒原则，即最多15秒就要进行换页，这样就算我们不做动画，也能够感觉到页面是动起来的。不过15秒原则是一个最基本的建议，如果你希望微课做得更好，需要把这个标准提高到10秒甚至5秒。

3. 录制旁白

旁白有两种来源，一种是自己录，另一种是合成音。虽然建议两种方式组合使用（这会增强微课的交互性），但是自己录仍是最主要的方式，我建议刚开始做微课时一定要先掌握录音的方法。

录制旁白一般通过 PowerPoint 的"幻灯片放映"→"录制幻灯片演示"功能进行录制。实际上自己录旁白有多种方法，而且不同的方法会影响到微课制作的整体步骤。WPS 只有在 2019 年下半年之后发布的版本才有录音功能，之前的版本需要通过外部软件录制后插入页面。关于录制旁白,虽然简单但注意事项特别多,后面有专门的章节讲解(参考 6.4 节语音录制:四种方式,按需选择),此处暂不展开。

需要注意的是,录制或者合成旁白,必须保证没有杂音,因为后期借助软件降噪处理会非常麻烦。另外,即便要增加合成音,为了更高效地制作微课,通常也是先自己录,最后将局部需要替换为合成音的部分使用音视频剪辑软件进行替换。

4. 添加动画

接下来添加动画。PowerPoint 的动画有两类,一类是页面元素的动画,通过"动画"选项卡添加,如图 6-8 所示;另一类是页面与页面间的切换动画("切换"在其他软件中更常称为"转场"),通过"切换"选项卡添加。

图 6-8 "动画"选项卡

做动画非常耗费时间,所以动画应在完成平面页面、录制旁白之后再做,避免做得太早影响了整体进度。同时要尽量使用已有的动态素材替代自己做动画,例如可以多使用 GIF 动图素材,只要插入页面中就能动起来,这是最快捷的方法。

PowerPoint 的动画功能比较强大,后续有专门章节讲解动画制作(参考 7.4 节"动画原理:三层五理讲动画,从零开始有秘籍(原理篇)和 7.5 节动画操作:熟用两个窗格,成为动画大师(操作篇))。

页面与页面间的切换动画操作相对比较简单。

在"切换"选项卡中,可以设置两页幻灯片之间的过渡动画效果。举个例子,如图 6-9 所示,单击"涡流"效果,从上一页过渡到本页时,就会增加一个"涡流"效果的动画。这些动画效果最终也会成为微课的一部分。"涡流"也需要时间,其时间设置如图 6-9 右上角方框所示。这个时间表示涡流效果的持续时间，时间越长表示动画执行得越慢。

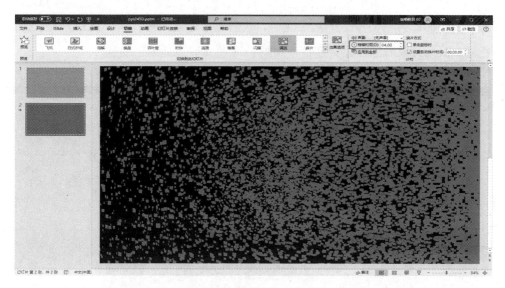

图 6-9 切换动画及时间设置

有个细节需要注意，切换动画变动的是上一页面的内容。如图 6-10 所示，在 1 号页面上添加切换动画"窗帘"效果，实际拉的是上一页的窗帘布，所以在 1 号页面上添加窗帘效果会显示一个黑屏窗帘。

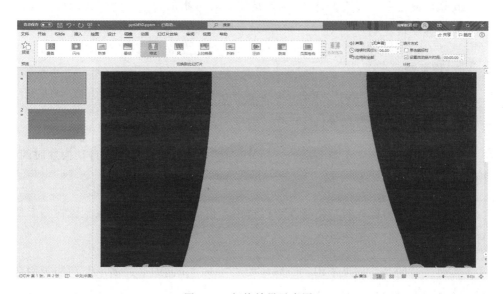

图 6-10 切换效果示意图 1

| Part 3 制作呈现篇

如果希望这个窗帘布不是黑色的，而是要使用自己喜欢的 A 颜色，可以在 1 号页面前面插入一页并设置为 A 颜色，然后在"切换"最右侧"换片方式"处，把这一页的播放时间设置为零秒，如图 6-11 所示。

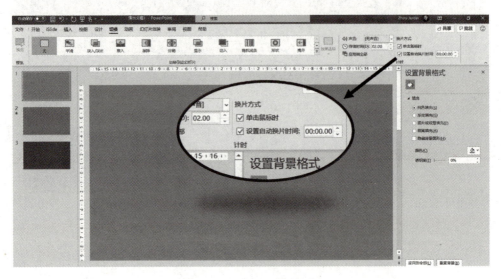

图 6-11 切换效果示意图 2

切换动画也要"按需设计"，也就是需要时再添加。太多的切换动画，反而会让页面显得很花哨。

5. 设置时间

PowerPoint 默认从上一页到下一页的换片方式是"单击鼠标"，需要改为自动换片，并且根据需要设置具体的换片时间。

找到"切换"选项卡最右端的"换片方式"，然后勾选并设置自动换片时间，如图 6-12 所示。

此处的"单击鼠标时"复选框可以选中，也可以取消，最终在生成视频后所有的"单击鼠标时"都会被自动取消。

需要注意的是，如果使用"幻灯片放映"→"录制幻灯片演示"功能录制旁白，此处设置时间只需要检查一下即可。因为 PowerPoint 会把当前页面录制旁白的时间提取并自动填写到这里。需要注意的是，只有使用"录制幻灯片演示"功能录制的旁白才会自动设置时间，其他所有方法都需要手动设置页面时间。

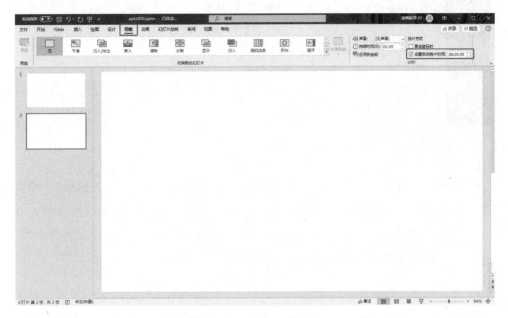

图 6-12 "切换"选项卡

在"换片方式"处设置的时间，最后生成视频一般也是按这个时间切换。但有一种情况例外，如果页面上的动画超过了这个时间，它会以动画的时长为准，先播完动画再进行切换。

6. 生成视频

PowerPoint 可以直接生成视频，选择"文件"→"导出"→"创建视频"选项，如图 6-13 所示。

PowerPoint 的压缩能力很强，一般视频质量选择 480P 即可。如果有特殊需要，例如视频将来在电视或者更大屏幕上播放，也可以选择 720P 或者 1080P 等格式。但如果只是在手机上看的视频，建议选 480P，原因是如果选择高清视频格式，那么生成速度会慢很多，而且在手机上看也不需要高清视频。

图 6-13　文件→导出→创建视频

需要注意的是，此界面下方有一个选项是"放映每张幻灯片的秒数"，默认是 5 秒。这里的 5 秒只对一种页面有效，就是当前页面没有设置切换时间，即"单击鼠标时换页"的状态，会自动取消"单击鼠标时换页"，改为此处的 5 秒。这个选项可以忽略，直接单击下面的"创建视频"按钮。

然后选择视频的保存位置，此时你会看到页面的最底端会出现一句话"正在制作 XXXX.MP4"，旁边还有个进度条，当进度条走到最后，就说明微课已经制作完毕。

PowerPoint 2003/2007 不具备生成视频的功能，目前 WPS 也不能直接生成 MP4 视频。2019 年下半年更新的 WPS 2019 增加了生成视频的功能。但是，WPS 生成的是 WEBM 格式的视频。WEBM 是 Google 的视频格式，手机和大多数企业的微课平台都不支持这种格式，所以兼容性存在比较大的问题，需要使用转码工具转换为 MP4 格式才能使用（本书后面介绍的快剪辑支持把 WEBM 格式转换为 MP4 格式）。生成视频还对计算机配置有一定的要求，即便是 PowerPoint 在生成视频时，也会有大约 10% 的可能无法一次生成。遇到这种情况我们可以再生成一次，或者使用 oCam 等翻录软件进行翻录。使用 PowerPoint 或 WPS 生成的视频偶尔会出现视频跳帧的情况，只要使用转码工具转换一次格式即可。

另外，PowerPoint 2010 没有"导出"这个功能按钮，但是会有一个"保存并发送"功能，打开之后也有"创建视频"功能。

7. 剪辑优化

最后,需要对已经生成的视频微课进行剪辑优化。例如,修饰视频,去除瑕疵,添加音效和背景音乐等。

一切检查无误,最后添加底部字幕,即完成微课的制作。

6.3 微课速成:七个步骤,速成视频微课(极简版)

上一节我们介绍了"七步入微-视频微课制作流程(标准版)",其特点是录制旁白的声音是在每一页独立的,这样方便精确设计动画效果和设置动画时间,能做出动画效果更好的高质量微课。但是,在企业中还常遇到这样两个问题,其一是企业员工没有那么多时间做微课,他们需要更高的效率,动画质量可以降低一些;其二是很多人计算机配置比较低,尤其是录音功能常常出问题,要么录不了,要么有杂音。

考虑到这些需求,我设计了"七步入微-视频微课制作流程(极简版)"。"极简版"适用于对微课质量要求不高但希望快速产出,或者计算机配置比较低,录音出现问题的情况。

"极简版"也是七个步骤,如图 6-14 所示。

- 第一步:确定版式,与标准版相比可以不用必须是 PPTX 格式。

- 第二步:设计内容,与标准版一致。

- 第三步:添加旁白,一次性录制而非逐页录,可以使用外部工具录制。

- 第四步:添加动画,按需添加动画,鼓励直接套用已有动效。

- 第五步:设置时间,与标准版不同,使用排练计时功能设置时间。

- 第六步:生成视频,与标准版一致。

- 第七步:剪辑优化,与标准版一致。

| Part 3 制作呈现篇

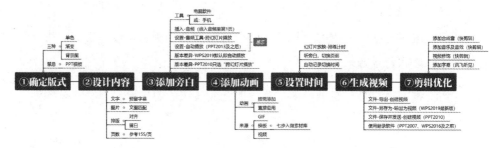

图 6-14 七步入微视频微课制作流程图 V4.3（极简版）

"极简版"由于不再是在每一页上录制声音，所以对文件格式要求不那么严格，不是必须要转换为".PPTX"格式。

与"标准版"相比，"极简版"的最大区别在于添加旁白的方式。"标准版"的思路是先做好页面，然后确定每一个页面上要录什么旁白；"极简版"的思路是先把所有页面做完，再把旁白一口气录完，之后把录好的旁白"分配"到每一页上。同时，录音过程不再依赖计算机，而是可以使用包括手机在内的其他工具录音，有了 MP3 文件插入 PowerPoint 页面即可。这样能够大大提高微课制作效率，在对动画质量要求不高的前提下，能够缩短至少 50% 的时间。

具体的操作方法是，选择"插入"→"音频"→"录制音频"，之后录音即可，如图 6-15 所示。如果是使用手机等其他工具录制的声音，需要先将声音导入计算机，然后选择"插入"→"音频"→"PC 上的音频"即可。

图 6-15 插入→音频→录制音频

需要注意的是，PowerPoint 可能无法识别有些手机录制的声音格式，此时只要使用转码工具将格式转化为 MP3 即可（本书后续介绍的快剪辑具有此功能，也可以使用格式工厂、QQ 影音等工具）。

这样插进去的声音在生成视频后并不会播放，而是要再做两个设置，如图 6-16 所示，一是"跨幻灯片播放"，二是"自动播放"。

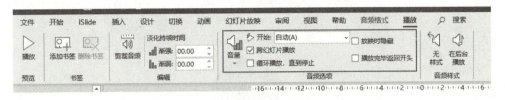

图 6-16　音频的效果设置

在录制完声音后，单击"幻灯片放映"→"排练计时"，这样幻灯片页面会逐页播放，并同步播放已插入在第 1 页的录音。当听到第 1 页对应的声音播放结束时，单击下一页。继续听到第 2 页对应的声音播放结束时，再单击下一页，直到所有页面结束。

剩下的操作与"标准版"相似。"极简版"在动画设计上，不如"标准版"方便。正是由于这个原因，"极简版"想做出特别高质量的微课比较困难。但毕竟"极简版"操作简单，能够高效完成微课，同时对计算机配置、对软件操作基础要求都比较低，能满足很多人的需求。

6.4　语音录制：四种方式，按需选择

使用 PowerPoint 做微课，录制语音有四种方式，即录制旁白、插入录音、外部软件录制后插入音频、手机录制后转码插入音频。下面分别介绍这四种方法。

1. 录制旁白

选择"幻灯片放映"选项卡，如图 6-17 所示，单击"录制幻灯片演示"，选择"从当前幻灯片开始录制"，进入录制界面。

图 6-17　录制旁白操作入口

在录制界面单击左上角的红色圆圈开始录制,如图 6-18 所示,在倒计时之后,就进入录音状态了,此时你说的话都会被记录下来。

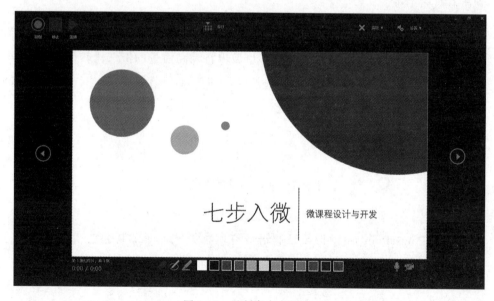

图 6-18　录制旁白主界面

当录完一页后,单击右侧箭头开始录下一页。不过,通常建议使用键盘上的向右方向键替代单击鼠标,因为单击鼠标的敲击声也会被记录下来。当然敲击键盘也要轻一点,要不然一样有噪声。

如果录完了,单击左上角的正方形按钮,则可停止此次录音。

此时页面右下角会多一个小喇叭图标，这就是刚才录下来的声音，如图 6-19 所示。PowerPoint 在每次换页时会自动分割音频，也就是说每一页幻灯片都会存放一段独立的声音。这样的好处是修改非常方便，只要重新选择"从当前幻灯片开始录制"，新录的声音就会替换现有旁白。

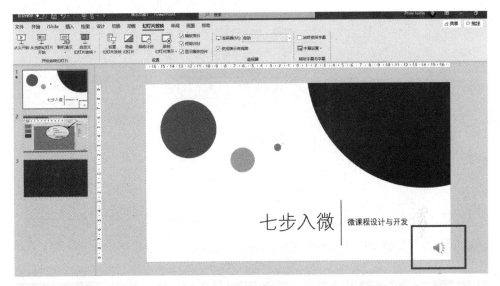

图 6-19 已录制旁白页面演示

使用 PowerPoint 的这个功能录制的旁白，会被设置为自动播放，并自动将每一页的旁白时长设置为页面切换时间，而且还会自动设置小喇叭为"放映时隐藏"。这要比其他方法录制的音频都方便，原本切换页面的时间要逐页手动设置，使用这种方法播放完旁白会自动跳到下一页；PowerPoint 会自动把这段旁白设置为自动播放，而单独插入页面的音频文件必须手动设置才能播放。可以说，无须再对音频进行额外操作，即可正常播放了。

只有使用"幻灯片放映"选项卡插入的音频，PowerPoint 才认为是"旁白"，其他方式插入的音频只是"音频"。只有"旁白"才会被自动设置切换时间等。

还有一个细节，如果出现录制旁白但不播放的情况，可在"幻灯片放映"选项卡检查"播放旁白"复选框是否已勾选，如图 6-17 所示。

由于 Office 版本的差异，上述图示界面会有所不同，主要体现在三处。

其一，老版本会在录音时先弹出一个对话框，单击"确认"按钮后立即开始录音，而没有新版本的红色按钮，选择录音。进入录制页面，此时所有的功能按钮都在页面左上角，如图 6-20 所示。

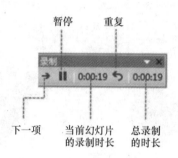

图 6-20　录制旁白功能菜单（老版本）

其二，新版本会默认录制摄像头视频，如图 6-21 所示。如果不需录制视频，需要单击右下角的头像和摄像机图标，就会只录声音。

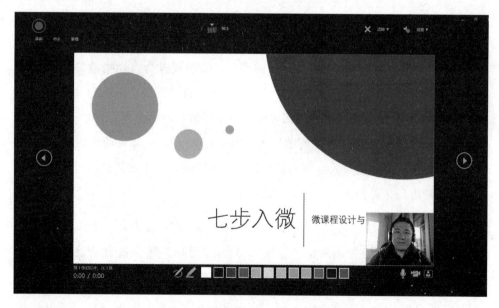

图 6-21　录制旁白功能菜单（新版本）

其三，结束时，新版本需要手动单击"停止"按钮结束录制，而老版本是按"Esc"键退出。

2. 插入录音

PowerPoint 内置了录音功能，单击"插入"标签，选择"音频"→"录制音频"选项，在弹出的对话框中单击红色按钮即可进入录音状态，如图 6-22 所示。

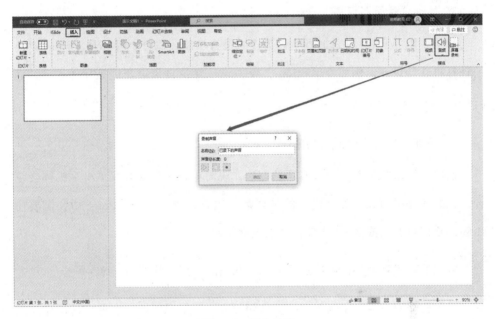

图 6-22 插入录音

录制完毕单击结束后，页面会多了一个小喇叭图标。与刚刚讲到的"录制幻灯片演示"相比，使用插入录音的方式生成的喇叭图标默认在页面正中间，而使用录制旁白的方法生成的喇叭图标在右下角。

使用这种方式录音与插入一段音乐没有什么区别，所以并不是"旁白"，也就没有默认设置自动播放等功能。在生成视频后，录音默认不会被播放，需要手动单击小喇叭图标，选择"音频工具"→"播放"→"自动播放"，这样才能正

Part 3 制作呈现篇

常播放。这个操作上一节讲过，如图 6-16 所示。同时，这种方式插入的录音，PowerPoint 也不会设置页面切换时间和设置放映时隐藏。

需要特别注意的是，如果页面有多个元素且具有动画效果，而插入录音是最后做的，那么 PowerPoint 默认会最后播放这段声音，如果想提前播放需要到"动画窗格"调整。这个问题涉及动画操作，在这里可以先简单了解，在学习完动画操作后，就很容易理解了。

3. 外部软件录制后插入音频

如果使用 WPS 软件做微课，因为没有录音功能，需要使用 PowerPoint 以外的计算机软件录音，例如使用 oCam、Windows 系统自带录音机等软件录音，之后再插入 PowerPoint 中。

4. 手机录制后转码插入音频

使用手机录制是既简单又麻烦的方法。说简单是因为所有人拿出手机都会录音，说麻烦是因为大多数手机录的声音都没法直接导入 PowerPoint 中，需要使用转码软件重新生成 MP3 文件，才能正常使用。

常用的转码软件都能解决这个问题，如格式工厂、快剪辑、QQ 影音等。

以上就是四种语音录制的方法。这四种方法都很好理解，也很容易操作。但是声音异常却是企业员工做微课经常遇到的问题，在企业培训中，我常常花很长时间解决各种录音异常问题。下面总结一下常见声音异常问题的解决方法。

通常声音异常会有三种情况：声音太小，没有声音，或者有杂音。解决这几个问题，都要先找到计算机声卡的设置页面。

在计算机桌面右下角的小喇叭图标上，单击右键，选择"录音设备"选项，会弹出"声音"对话框，如图 6-23 所示。双击麦克风图标，弹出麦克风属性设置界面。

图 6-23　录音设置对话框

如果是 WIN10 系统，右键单击右下角的小喇叭图标没有"录音设备"这一选项，而是选择"打开声音设置"选项，图 6-24 所示。

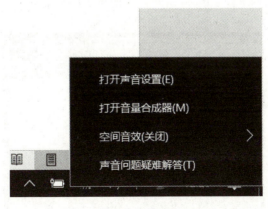

图 6-24　打开声音设置（新版本）

在打开的窗口中右侧会显示"声音控制面板"，如图 6-25 所示，选择此项，就能弹出录音设置对话框。

图 6-25　声音控制面板（新版本）

第一种情况是声音太小，需要找到录音音量调节处，调大即可，如图 6-26 所示。但是调大音量有个副作用，即可能会有杂音，如果杂音太大需要再调回去。

第二种情况是没有声音，找到"麦克风阵列属性"→"麦克风阵列"右侧的小喇叭图标，看上面是否有一个红色的禁止符号，若有表示关闭了麦克风，单击激活就可以正常使用，如图 6-26 所示，当前显示的小喇叭图标是正常状态。

图 6-26　麦克风效果设置

第三种情况是有杂音，一方面可以在音量调节处减小麦克风音量（但对应录制声音音量也会减小），另一方面可以在效果中尝试禁用所有声音效果，或许这个问题就能解决。

如果仍然解决不了声音异常的问题，就要考虑到计算机生产商的官方网站，下载与当前操作系统匹配的声卡驱动。一般来说，更新驱动能解决 90% 以上的音频问题。需要注意，必须是官方网站上与操作系统对应的驱动程序，而不是使用第三方兼容驱动程序。

解决录音问题还有一个办法是购买外置麦克风，一般效果会好很多。不过要购买专门录音的麦克风，而不是平时听音乐的普通耳机，因为后者常常有噪声。

6.5 屏幕录制：做微课一定会用得上的技能

录屏和录音是微课制作的基本功，很多场景都需要这两项技能。例如，教别人使用 Excel 的某个函数，会用到录屏；在网上看到了一段特别好的视频，可以作为微课的素材，会用到录屏；计算机配置不好，PowerPoint 导出微课时会出现报错，需要翻录计算机上播放的微课；使用 WPS 做微课时，由于 WPS 没有录音功能，需要有外部工具录制后导入；计算机上正在播放的一段音乐，可以作为微课的素材，会用到翻录功能。所以，一款高效录制视频与音频的软件是制作微课必不可缺少的。

我向给大家推荐 oCam，这款软件有以下三个优势。

- 免费：虽然未付费版本页面上有广告，但它的功能却是完全免费的，录制下来的视频音频也没有任何广告。
- 小巧：正版软件的安装包只有大约 10 MB，老旧计算机也能正常使用。
- 功能：最重要的是 oCam 具备"内录"功能，也就是声音可以直接从声卡翻录，而不一定是使用麦克风，这给翻录音视频带来很大方便。

oCam 使用方法非常简单，具体操作步骤如下。

打开 oCam，会看到一个绿色的框，这个框表示的是录制视频的区域，如图 6-27 所示。

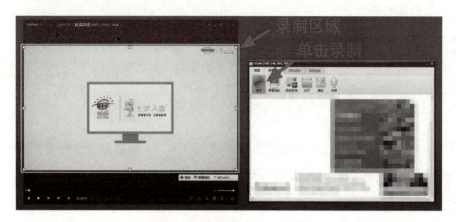

图 6-27　oCam 录音录屏软件主界面

如果要开始录制视频，单击左上角的红色录制按钮，绿色的框就变成了红色，进入录制视频状态。此时，区域内的所有操作会被记录下下来。

录制过程中，可以拖动红色边框改变录制区域的位置。但应注意，只能改变位置，如果要改变大小或比例必须在录制之前设置。

录制完毕，单击停止。这段视频会被自动保存，之后选择主菜单上的"打开"选项，就能看到刚刚录制好的视频了，如图 6-28 所示。

图 6-28　打开已录制文件

oCam 软件在使用时,需要特别注意对麦克风的控制,可以根据不同的应用场景控制声音输入来源。例如,要讲解操作类内容,通常要边讲解边录屏,也就是要打开麦克风;要翻录某个网站上的视频,此时就不希望有外界声音的干扰,而是直接内录高清视频和音频,那就需要关闭麦克风,只录系统声音。单击"声音"选项,如图 6-29 所示,可在弹出的菜单中进行设置。

图 6-29　声音设置

oCam 虽然是小软件,但其视频录制功能非常强大。在"菜单"→"选项"中,可以进行多种附加功能的设置。例如,在录制时可以选择显示鼠标光标或者隐藏鼠标光标;在显示鼠标光标的状态下,还可以设置鼠标光标的效果,比如可以为鼠标光标设置一个带颜色的圆圈,如图 6-30 所示,这个设置可以在讲解操作类微课时,让学员的注意力更集中。

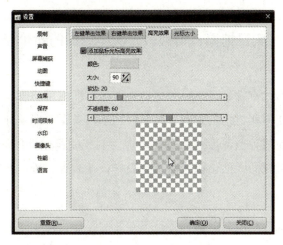

图 6-30　设置菜单

此外，还可以设置左键单击或者右键单击的提示效果。至于其他功能，都可以通过"菜单"→"选项"功能进行设置，具体操作非常简单，此处不做详细介绍。

除了可以录制视频以外，oCam 还可以单独录制音频。对于 WPS 做微课无法录音的问题，就可以使用 oCam 解决。

录制音频的方法与视频相似，单击页面顶端的"音频录制"选项，再单击红色按钮就可以录音了，如图 6-31 所示。

图 6-31　录制音频

oCam 作为一款免费软件，对计算机配置要求低，操作简单但功能强大，尤其是具备做微课常用的内录功能，是做微课的必备工具之一。

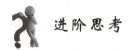
进阶思考

6.6　实景拍摄：拍摄真人实景微课的 4 个速成技巧

常见的微课形式有三种，第一种是动画微课，即使用动画软件做的；第二种是实景微课，即使用相机拍出来的；第三种是单模微课，即单纯的一段语音、文字或者是图片。前两种微课形式用得比较多。制作动画微课的时间成本比较高。相比之下，实景微课的"性价比"高，效果好，耗时短，所以建议优先选择拍摄实景微课。

过去，大家认为拍摄和剪辑视频是很专业的工作，但实际上并没有想象的那么难。从拍摄角度来说，一般智能手机拍摄的视频就足够用了；从剪辑角度来说，有免费的、"傻瓜的"但又专业级的剪辑软件（如"快剪辑"）供大家选择。所以，能拍摄的部分尽量拍摄。

我在企业做培训时发现，很多人欠缺拍摄视频的基本功，根据遇到的高频拍摄问题我归纳了四个技巧。这些经验特别适合没有任何拍摄基础的"小白"学员。

1. 黄金分割选中心

可以按照黄金分割将镜头画面分成九份，如图 6-32 所示。

图 6-32 黄金分割点

人物既不要太小又不要太大，最好处于中间的这两条竖线之间，如图 6-33 所示。人在镜头中太大，那就可能没有了二次编辑的机会，而太小了又容易在手机上看不清。

图 6-33 黄金分割选中心（单中心）

Part 3 制作呈现篇

如果要拍摄两个人,那就刚好把他们放在两条线上就可以了,如图 6-34 所示。

图 6-34 黄金分割选中心(双中心)

2. 横屏拍摄少变焦

我们平时拍摄视频基本上都是用手机拍,大多数人手机都是竖着拿的,但竖着拍摄出来的视频在微课中比较少见,也不太方便剪辑,所以建议横着拍。

什么是少变焦?

我们经常看到一些专业的视频节目,镜头会慢慢地放大、缩小,或者镜头有非常自然的偏移。其实,这要用比较专业的设备才能实现,比如镜头自然移动需要有滑轨等专业设备。大多数企业员工做微课都没有专业设备,可能就只有一部最普通的智能手机,这种情况下就尽量不要变焦,静止的反而比频繁变化的画面要好。

如果使用非专业设备,又想制造这种变焦效果,怎么做呢?可以使用双机位,也就是一台相机把人拍摄的大一点儿,如图 6-35 所示,另一台相机换个位置,把人拍摄的小一点,如图 6-36 所示。其中一个相机为主机位,另一个相机为副机位。在后期剪辑时,就可以将其中一个作为主视频,在需要放大或缩小时切换到另一个视频,这样就实现了画面变焦切换的效果。

图 6-35 双机位（机位 1）

图 6-36 双机位（机位 2）

3. 顺光拍摄设备稳

很多人拍摄视频时忽略了光的作用，把人脸拍得特别黑，效果很不好。要保证人的脸比较亮、比较白，最简单方法就是顺着光拍。

我们可以找背面相对较暗的地方，或者在人脸前面放一盏灯，或者找一个灯光比较亮的地方进行适当的补光。总之，一定要让人脸迎着光。

设备稳是指在拍摄时设备不要晃动。这个问题看起来很好理解，但很多人拍摄的视频存在视频抖动的情况，效果很不好。虽然最终做好的微课视频可能只有五分钟，但是拍摄过程可能会持续半个小时甚至一个小时，一遍拍不好可能要拍两遍、三遍，拍摄视频的人拿着相机特别累，胳膊就会抖动。正确的做法是用三脚架固定相机。如果条件有限找不到三脚架，可以使用其他工具固定相机，例如把相机固定在桌子上，总之一定不能让拍摄出来的画面抖动。

4. 声音洪亮影音离

根据以往的经验，大多数人第一次拍摄真人视频可能会只关注画面而忽略声音，导致视频声音效果特别差。拍摄实景微课最容易出现的问题就是"声音"，而且声音出问题后期很难再修改。

由于拍摄者和被拍摄者之间的距离一般会在2米以上，即便环境相对安静，人的声音也很难听清楚。声音是微课传递信息的重要渠道，必须要保证声音非常清晰。但是，如果没有专业的设备，怎么办呢？

可以使用"声音洪亮影音离"的方法。"声音洪亮"指的是被拍摄者需要尽量声音大一些，毕竟在后期剪辑时声音变小容易变大难。"影音离"指单独找一部手机打开录音功能，或者直接使用录音笔，放置在被拍摄者的旁边（如口袋里）近距离拾音，以便录下最清晰的声音。最后，使用音视频剪辑软件（如快剪辑）就能够轻松把视频和音频合并起来。

以上就是我根据企业培训时经常遇到的问题总结的拍摄技巧。需要注意的是，这四个技巧都是针对非专业人士、用非专业设备进行拍摄的入门技巧。大多数企业员工做微课都属于这种情况。如果你本身就是发烧友，又有专业的设备，上述方法对你来说就过于简单了。

针对短视频、Vlog等形式的视频制作，因为企业应用稍微少一些，本书不做细致介绍。我们会在"混合学习实验室"公众号投放在线学习教程，如有需要可以前往学习。

6.7 剪辑高手：随心所欲剪视频，只需一款小软件

PowerPoint 在平面设计上比较擅长，而音视频处理是其软肋。虽然 PowerPoint 具备了绝大多数音视频处理功能，但是操作起来非常麻烦，不适合初学者使用。

如果能够有一款专业的音视频编辑工具，微课制作效率就能大幅提升。过去，音视频编辑软件虽有很多，但都有"三高"：收费高、操作难度高、计算机配置要求高，而"快剪辑"这款软件完美地解决了上述问题，成为我们制作微课的得力助手。

"快剪辑"功能强大，极易上手。它借助 360 云技术，实现了云端与本地计算机的交互剪辑，这样就大大降低了对本地计算机硬件的依赖。同时，这是一款完全免费的软件，没有任何使用限制。

具体操作方法如下。

（1）注册账号。第一次使用时建议注册账号，这样你的制作过程都会被保存在云端，就算计算机出现了死机等情况，之前所做的剪辑也不会丢失，重新打开软件还能接着操作。

（2）选择新建视频，在弹出的对话框中选择"专业模式"，如图 6-37 所示。

专业模式和快速模式的区别在于，专业模式拥有强大的音频处理能力，支持多条音轨操作；快速模式只允许插入一段音频。音频处理正是"快剪辑"与 PowerPoint 的互补之处，因此必须选择专业模式。其实专业模式的操作很简单。

（3）主界面共分三个区域，如图 6-38 所示，左侧为视频预览区，右侧为素材功能区，下方为音视频编辑区。

| Part 3 制作呈现篇

图 6-37 选择"专业模式"

图 6-38 "快剪辑"主界面

(4)插入视频、音频素材。

先插入一段视频,插入后下方视频轨道就被填满了;再插入一段音频,插入后第一条音频轨道也被填充了,如图6-39所示。

图6-39 插入剪辑

需要注意的是,软件中音乐、音效是一样的,"快剪辑"用了这样两个名字,仅仅表示它有两条不同的音轨而已,实际上这两条音轨在功能上是完全一样的,已经插进来的音频文件可以在两条音轨之间任意切换。

(5)"快剪辑"可以随时分割音视频。如图6-40所示,在音频上单击右键选择"分割"选项,音频就会被分成两部分。继续分割,音频被分成若干部分,分割后每一段可以独立操作(主要包括删除、静音、拖动等),这就实现了对音频的快速编辑。

(6)视频的操作也是一样的,可以分割、删除、静音、拖动。不过因为视频必须是连贯的,所以不能随便往后拖,中间不能有间隔。当然,如果需要,只要分割后在中间填充一张图片,并设置持续时间,就可以轻松解决这个问题了。

Part 3　制作呈现篇

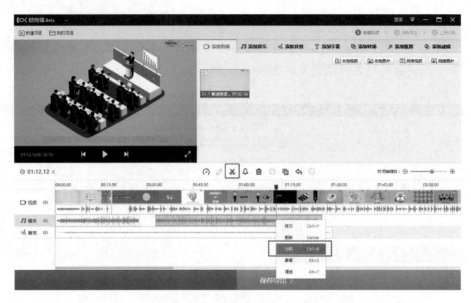

图 6-40　高频使用的分割功能

（7）快剪辑还支持音频、视频的调速功能，如图 6-41 所示。不过，目前该功能仅在 64 位版本的快剪辑软件中才有。

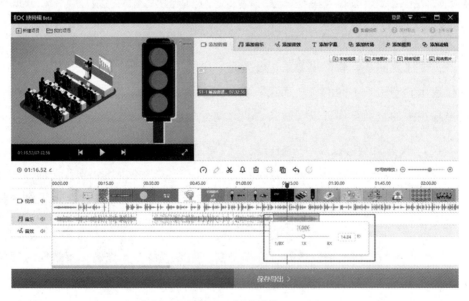

图 6-41　调速功能

（8）两条音频轨道，对于音频编辑来说十分方便，稍加变通，几乎可以满足一切需求。我们偶尔会遇到一些特殊情况，只要稍作变通，就能轻松解决。

假如两条音轨都被占用了，一条是背景音乐，一条是在其他地方合成的旁白语音，这时你需要再叠加一个打字机的音效，但是没有新的音轨可以使用了，怎么办？其实，只要先把两个声音和视频合并，导出为一个视频，再将其插入"快剪辑"，原来的两条音轨就会被清空，就可以重新插入音频文件了。这个问题其实很少遇到，如果遇到了，可以用这种方法解决。

再如，正在剪辑一段声音，你希望中间 30 秒音量变小一点，如果是 64 位操作系统的"快剪辑"软件，可以直接调整局部声音的大小。但如果是 32 位操作系统，"快剪辑"只支持整条音轨控制音量，怎么办？这时可以使用分割功能，将 30 秒音频单独分割出来，然后把这 30 秒放在另一音轨上，再调整音量就可以了。如果此时音轨不够了，我们可以用上面的方法先生成视频，再导入音轨就可以了。

（9）为视频添加贴图。

在视频轨道上右键选择编辑，或者直接双击视频轨道上的视频，弹出编辑窗口，这就是视频片段编辑区域，目前允许对视频进行剪裁、裁剪、添加贴图、添加标记、添加马赛克等。这都是编辑视频的常用功能。

在制作微课时，最常用的是贴图功能，如图 6-42 所示。

"快剪辑"拥有一个不错的贴图库，这些图片很适合做微课。选择一张图片，确定摆放位置，设置进入、退出时间，再选择进入效果，轻松搞定。

这个功能的右侧有一个"＋"按钮，如图 6-42 所示，单击即可上传计算机上的任意图片。这是软件的"秘密武器"，对已经完成的微课，可以局部调整修改，有了这个功能就不用返回 PowerPoint 了。

（10）为视频叠加视频，即"画中画"功能。

图 6-42 贴图功能

在软件主界面右侧,选择"添加抠图",单击左侧"+"号,如图 6-43 所示,就可以在视频中叠加视频,相当于画中画的效果。

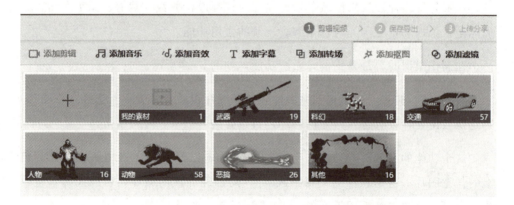

图 6-43 添加抠图视频

如果你的视频是绿幕视频(纯绿色背景的视频),是可以直接进行抠像的,也就是把绿色背景变为透明,这样就可以为视频更换任意背景了。

操作非常简单,先添加绿幕视频,如图 6-44 所示,设置效果样式开始抠图,稍等片刻即可完成,如图 6-45 所示。

图 6-44 抠像功能(处理前)

图 6-45 抠像功能(处理后)

需要注意的是，抠图功能必须是绿幕视频才可以，也就是在拍摄原视频时需要使用绿色背景，而且拟保留的图像上面不要有绿色。所有的视频编辑软件都是这样的，这是此类软件的通用"规则"。

所有操作都完成后，单击右下角的"保存导出"选项。保存时注意，在导出前默认添加了软件的宣传片头和 Logo，软件预留了去除广告功能，手动关闭即可。

关于音视频编辑软件的使用，我整理了 17 个练习题。不妨打开计算机，按照这份问题清单逐个练习，你很快就能掌握这款工具的使用。

根据以往经验，大多数人能够在 30~40 分钟完成所有练习。

统计：完成 17 道练习使用的时间为 _____。

请将不确定的和不会做的，在前面做标注。

- 请使用分割＋删除的方式，对视频进行剪裁，删除不需要的内容（备注：在剪辑软件中，剪裁通常指"长度"，裁剪指"面积"）。
- 请将视频中的音频进行分轨（分轨按钮在哪里？），即让一段视频中的画面和音频能够分别剪辑。
- 请使用分割＋删除的方式，对音频进行剪辑，删除不需要的内容。
- 请将视频中的部分音频内容替换成机器人合成音。
- 请探索：替换合成音后，发现合成音时间比较长，画面"不够用"了，该如何处理？
- 请探索：能否只对音频中的某个片段调高或降低其音量？
- 请在视频的合适位置增加 1 个音效。
- 请探索：如果两条音轨都被占用了，但想在此处增加音效，该如何操作？
- 请为视频的一部分增加背景音乐，并将音量设置为很小。
- 请探索：如何只对某一段视频进行裁剪（指"面积"）操作？
- 请为视频增加表情贴图，并设置表情贴图的时间。
- 请为视频增加马赛克效果，遮盖某个位置，并设置马赛克出现的时间。

- 请为视频增加强调字幕（请注意并非底部语音同步字幕），并设置强调字幕的时间。
- 请增加一段抠像视频（绿幕抠底）。
- 请探索：抠像视频会被抹掉音频，如果需要这个声音，怎么办？
- 请在导出视频前，去掉软件预置水印、片头。
- 请探索：如果要增加公司 Logo，但只在前 1 分钟和最后 1 分钟添加，且两次添加的 Logo 位置不一样，该如何操作？

由于"快剪辑"软件会更新，上述练习题可能会有更新。

> 请在"混合学习实验室"公众号回复关键词"剪辑高手"，获取最新版软件对应的测试题以及对应答案。

6.8 高效搜索：常见类型素材搜索渠道推荐

尽管七步入微素材库是非常丰富的，但也没法保证所有素材都有，你仍然需要学会搜索素材。下面介绍几个常用的素材搜索渠道。

1. iSlide 插件

iSlide 插件除了常规的幻灯片模板外，还包含图标、图片、插图三种素材，做微课时会经常用到。尤其是插图库，提供了数千张卡通图片，特别适合做微课。更难得的是，这些图片都支持取消组合进行个性化修改。

2. Pixabay.com 图片网站

Pixabay 是著名的商用免费图片素材网站，拥有超过 170 万张图，是目前为止同类网站中图库最大的网站，其中绝大多数都是无须署名的免费商用素材。

3. dust-sounds.com 音频网站

该网站绝大多数素材都是 CC0 版权授权（CC0 就是指原作者完全放弃了他的商业版权），可以用作任何用途。

4. tushuo.baidu.com 图表制作网站

百度图说是在线作图的好工具，常见类型图表都能高效完成，如图 6-46 所示。

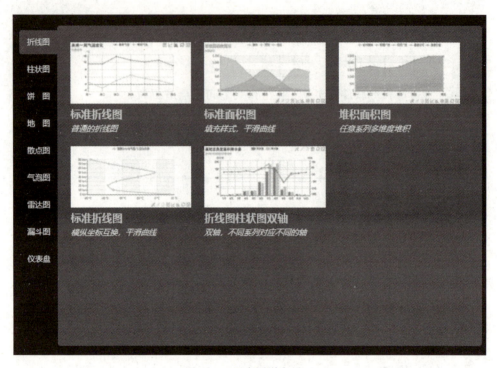

图 6-46 百度图说主界面

> 七步入微素材库向本书读者免费开放，请在"混合学习实验室"公众号回复关键词"七步入微素材库"，获得最新版素材库下载链接。

6.9 版权雷区：素材版权无小事，莫踩雷区细分辨

做微课是需要好的素材的，很多人习惯上网寻找免费素材，但是这种做法很容易造成侵权。获得授权，是指获得了可被证明的作者允许你使用的授权，或者

能够查询到作者公开声明免费版权，除此以外都可以理解为侵权。素材侵权的重灾区是艺术字体和图片，一旦被证明用于商业用途，原作者随时都可能提起侵权诉讼。

不少人觉得版权保护在中国还有很长的路要走，事实上版权保护的习惯已经越来越深入地影响我们的生活。举个简单的例子，30年前买盗版书是很普遍的现象，20年前从网上下载盗版电影是很普遍的现象，10年前免费听盗版音乐是很普遍的现象，今天这些现象都已经很少了。我们倡导使用正版软件和素材做微课，避免陷入版权纠纷。

那么，如何解决微课素材版权问题呢？

下面从字体、图片、音视频三个方面分别介绍版权问题。

1. 字体版权

现在字体的侵权现象非常普遍。很多字体公司逐步放开了个人版权限制，例如，造字工房在2016年就将自家公司大量优秀的字体向个人用户非商业用途免费；再如，方正字库的个人用户非商业用途字体授权通常只需要几块钱人民币。

什么叫个人用户非商业用途？比如，你在计算机上使用这个字体，或者打印出来自己看，再或者把打印出来的东西发给你的朋友，这都不涉及商业用途，也都不侵权。如果使用的操作系统是正版的，那么上面自带的字体都是对个人非商业用户免费使用的。但是，如果你在广告海报中使用了这款字体，那就是侵权的。

请注意，即使是你在其他计算机或者艺术字生成网站生成的艺术字图片，也是侵权的。简单说，只要不是付过费且在有效期内的，而作者又没有声明字体商业免费，都属于侵权行为。

做微课用是否属于商业用途呢？

虽然微课是课，有教育教学的主要用途，但微课毕竟是有助于企业经营的，很难完全摘掉商业用途的帽子。如果想使用艺术字又不想支付高额费用，比较靠谱的做法是安装作者已经声明过免费授权商业用途的艺术字，这些字体虽然很少，但效果也非常好。图 6-47 所示字体都是免费商业授权的艺术字。

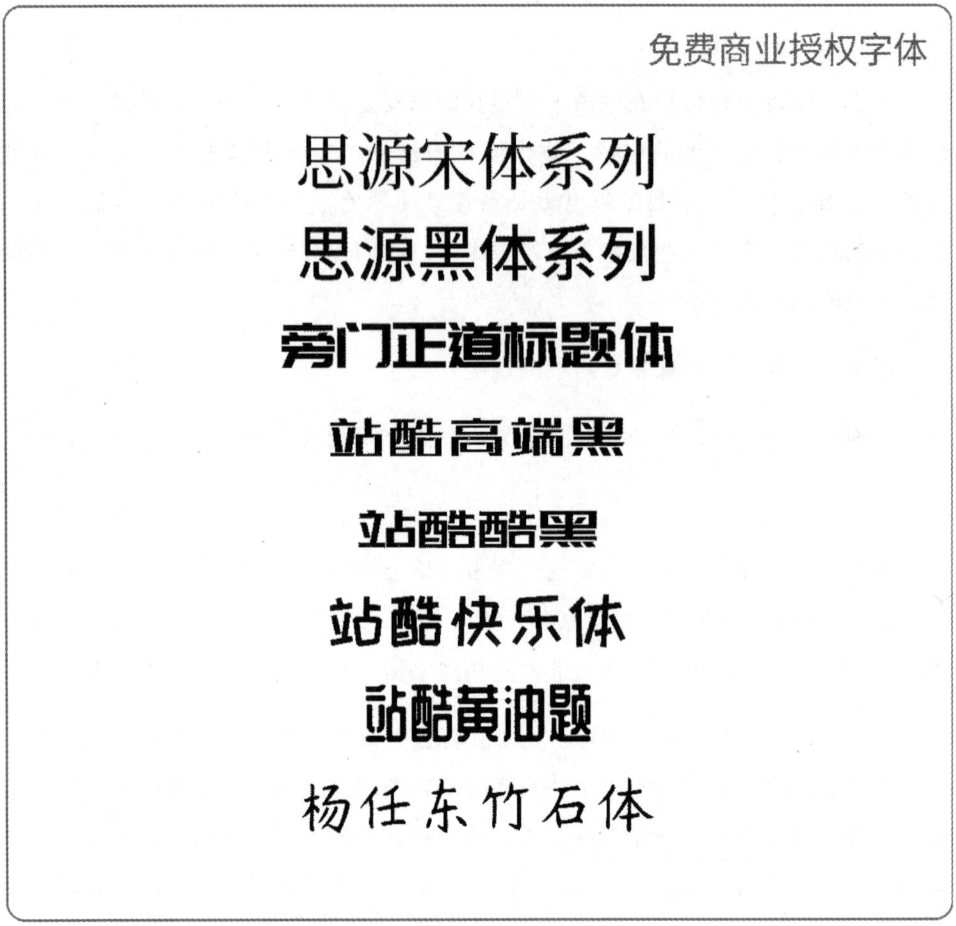

免费商业授权字体

思源宋体系列
思源黑体系列
旁门正道标题体
站酷高端黑
站酷酷黑
站酷快乐体
站酷黄油题
杨任东竹石体

图 6-47 常见免费商业授权艺术字体

如果需要更多免费的艺术字体，推荐使用 HelloFont，它的中文名字叫作"字由"。

HelloFont 包含市场上绝大多数艺术字的样式，可以随时查看使用。虽然 HelloFont 不直接提供字体下载，但它有筛选商用免费字体的功能，可以确认哪些字体是商用免费的，如图 6-48 所示。

图 6-48 HelloFont 主界面

360 公司也专门做了一个网站"360 查字体"（http：//fonts.safe.360.cn），可以一键查询你的计算机上哪些字体可能涉嫌侵权，帮你避免版权纠纷。

2. 图片版权

从侵权范围来看，图片是素材版权问题的重灾区。在百度等国内搜索引擎下载的图片，绝大多数都是侵权的。虽然百度已经在疑似有版权保护的图片上标注"版权"字眼，但在图片侵权问题上，可谓防不胜防。针对这个问题，我有四个建议，可以从习惯上减少使用盗版素材的机会，从而避免因此产生的侵权风险。

第一，减少依赖，删除所有来路不明的图片，避免后患。

第二，路不拾遗，减少使用无主素材。虽然在素材网站上看到的图片并没有标注版权信息，但事实上如果作者没有公开放弃版权，无论在哪下载都是侵权的。

第三，避免囤货。素材其实并不是积累得越多越好，而应该是在你需要的时候去找。搜索能力比存货能力要重要得多。

第四，认准CC0。如何找到没有版权保护、作者放弃了版权要求的素材？只要在下载素材的页面上看到CC0标识，就意味着这是免费商用素材。

除了CC0以外还有两种素材授权方式，即CC授权和PD授权。

CC授权是部分保留版权的意思。具体来说有四种情况，如图6-49所示，一是要求署名，就是要把作者的名字写上；二是只允许个人使用，而不允许用在商业用途上；三是可以原版使用，但不能进行修改；四是需要特定的方式进行分享。

图6-49　CC素材授权

对于CC0的素材，相当于上面这四条也都放弃了。当然，这也说明标注CC的素材不是不能用，而是会有使用限制。

PD，即Public Domain的缩写，指公有领域素材，表示这种素材已经是不保留版权的，如图6-50所示。例如巴赫的交响曲已经属于一种公共资源，就已经不涉及侵权的问题了。

图 6-50　PD 素材授权

当然还有一个小问题，巴赫、贝多芬等人的曲子属于 PD 素材，但是如果某人用小提琴把曲子演奏出来，那仍然受到版权保护，因为有了艺术设计在里面。

对于图片素材来说，如果不想侵权又不想付费，那就到免费商用素材网站下载。目前，此类网站图片库最大的是 pixabay.com。之所以推荐该网站，源于三方面原因：其一，网站样本库相对比较庞大；其二，虽然网站是国外的，但是在中国也能快速地打开；其三，素材是免费的。

3. 音视频版权

做微课还会用到音视频素材，与图片类似，大多数音视频素材都是需要购买版权才能够用于商业用途的。

音视频创作周期往往很长，甚至有的设计师需要投入几个月才能完成一首曲子或者一段视频的拍摄创作。所以音视频素材的授权使用费用比较高。

那么，如何在音视频方面避免版权问题？

先来看视频。做微课使用到的视频素材大多数是情景素材，建议自己拍摄。这样既能提高效率，又能最贴近微课内容需求，而且还能避免版权纠纷。如果需要使用外部素材，例如影视剧片段等，请一定要正向使用，不要诋毁抹黑里面的人物。

再来看音频。对于音频，如果找不到 CC0 素材，最好使用 PD 授权素材，即公有领域素材,如贝多芬、巴赫等人的曲子。在国内,对于音视频的著作权保护期限是 50 年,所以那些前辈创作的很知名的曲子大多数是可以直接使用的。

做微课可能还会使用音效素材,如气泡的声音、风铃声、喇叭声等。关于音效素材,Adobe 公司制作了一套非常完整的音效库,大约 10 GB,并且是完全免费的。

只要在搜索引擎中搜索 Adobe Audition Sound Effects,即可找到官方网站。但因为是国外网站,访问速度可能比较慢,而且网页上的素材是分类下载的。如果想一次性下载,也可以在"混合学习实验室"公众号回复关键字"音效",获得这个庞大的音效库的网盘下载链接。

再推荐一个音频网站 bensound.com,其大量素材都是用 CC 授权的,主要限制是要注明素材来源才能用于商业用途。

版权问题无小事,稍不留神酿大祸。正版化是趋势,希望大家也能够尊重原作者的付出,当然尊重版权不仅仅是保护原作者,更重要的是保护我们自己。

> 请在"混合学习实验室"公众号回复关键词"商用素材",获得最新版商用素材下载列表。

实操练习

6.1 庖丁解牛:详细剖析微课的构成元素

- 请以本书任意一个视频微课为例子,分析该微课在"看"与"听"两个方面是如何制作的。

6.2 制作步骤:七个步骤,速成视频微课(标准版)

- 请运用七步入微视频微课制作流程(标准版),制作一个最简单的微课视频。基本要求:①至少 5 页以上,内容任意;②有清晰的旁白录音;

③生成视频。

6.3　微课速成：七个步骤，速成视频微课（极简版）

- 请运用七步入微视频微课制作流程（极简版），制作一个最简单的微课视频。要求在标准版的基础上，练习使用其他方式录音和排练计时功能。

6.4　语音录制：四种方式，按需选择

- 请练习使用多种方式录音。

- 请完成自己微课的初稿，包含所有页面、录音，生成视频。

6.5　屏幕录制：做微课一定会用得上的技能

- 请按本书操作演示，练习录屏软件的使用。

6.6　实景拍摄：拍摄真人实景微课的4个速成技巧

- 请从自己的微课中，找到一个可以拍摄真人视频微课的场景，并尝试运用本书所讲的技巧。

6.7　剪辑高手：随心所欲剪视频，只需一款小软件

- 请按照本书操作演示，练习音视频剪辑软件的使用。

6.8　高效搜索：常见类型素材搜索渠道推荐

- 请尝试使用推荐渠道搜索素材。

6.9　版权雷区：素材版权无小事，莫踩雷区细分辨

- 请尝试使用推荐渠道搜索无商业保护素材。

- 在搜索引擎中查询"CC0"，进一步了解共享版权的含义。

第 7 章 巧匠：专业进阶 技艺精巧

基础阅读

7.1 平面设计：向广告学微课，四个原则要牢记

微课的平面设计该怎么做呢？第一次做微课，会觉得不知道从哪儿入手。后来我发现，生活中最常见的广告牌的设计思路和微课非常一致，很符合微课"短小、独立、碎片化、自学资源"的特征。所以，做好微课的平面设计，不妨先从路边的广告牌开始研究。

立在马路边非常普通的广告牌有一些共同特征，例如：文字不多，很大，很突出；图片也很大，新颖又精致，如图 7-1 所示。

图 7-1 广告牌示意图

（本书作者拍摄于上海虹桥机场）

在广告牌的基础上,我归纳了微课平面设计的四个原则,如图 7-2 所示。

图 7-2　平面设计四个原则

1. 用新的

用新的是指做微课要使用新模板、新素材、新字体,尽量不使用学员经常见的。

新模板是指使用相对新颖的模板。例如,经常在公司做工作汇报时的模板就不要使用了。学员见得太多了,一看就觉得是工作汇报,没新意。

新素材是指图片等素材尽量使用新颖的。学员经常见到的素材尽量不要使用,例如图 7-3 所示的 3D 小人,十年前就有人收藏全套在使用,实在太老套了。

图 7-3　3D 小人素材

新字体是尽量不使用宋体、楷体、隶书这些惯用字体,而要使用平时较少运用的艺术字体。这里的艺术字体和 PowerPoint 中的插入"艺术字"是有区别的。艺术字体是可以安装在计算机上的字体,比如庞门正道标题体、快乐体、站酷庆科黄油体等，如图 7-4 所示。

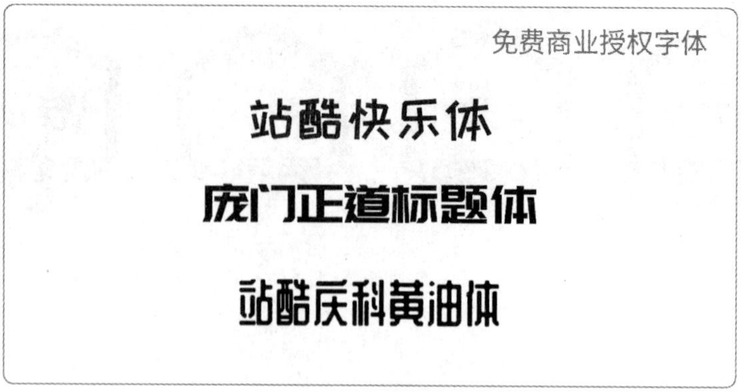

免费商业授权字体

站酷快乐体

庞门正道标题体

站酷庆科黄油体

图 7-4　艺术字体

艺术字体能迅速提升微课平面设计的档次，给微课带来设计感。

2. 玩大的

所谓玩大的，就是指微课所涉及的文字、图片、图标都要做得大一些。

由于微课需要在手机上看，字号需要大一些，以确保可以看清。具体来说，页面重要文字应该用 60～80 号字，底部字幕通常用 20～30 号字。大多数人会觉得 60～80 号字太大，其实只相当于苹果手机 Home 键那么大，在手机上阅读刚刚好。

3. 原则三：求精致

求精致就是要求页面尽量精致。微课的呈现效果在一定程度上影响了学习者的学习意愿，所以要尽量追求页面的精致化。精致的微课体现在平面设计的方方面面。

例如，图片应该使用高清素材，带边的页面应该进行抠图，有水印的图片应该尽量把水印去除，当然也要尊重作者版权。精致的原则同样体现在微课的其他设计层面，例如配音、音效等。

4. 变和谐

变和谐是要让微课页面看起来很舒服，页面内容协调。有三个方法可以快速实现页面和谐：强对比、呼应色、同风格。

（1）强对比：是指页面文字要重点突出、清晰醒目，尤其是文字与背景图之间的色差要大，对比度要强，四周留白，从而保证文字都能重点突出地显示出来。强对比不仅能让页面看起来舒服，更重要的是，这是保证页面内容有效传递的前提。

（2）呼应色：优先选择与页面图片上某种颜色一致的颜色，这种配色方法称为呼应色。

PowerPoint 2013 及之后版本新增的取色器功能能够轻松实现呼应色效果。操作步骤如下：

① 选中要修改颜色的文字。

② 单击颜色选择框，在底部单击取色器（如图 7-5 所示）。

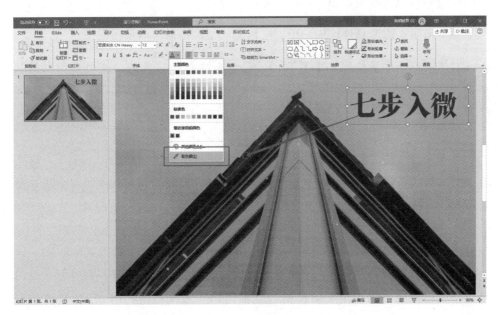

图 7-5　取色器

③ 将小吸管挪至图片上的某个颜色处，再次单击取色器，则刚刚已经选中的文字被改为图片颜色。

在企业中，大多数做微课的人都没有进行过专业的艺术训练。作为非专业人员，在微课平面设计时要尽量减少对配色的干预。一般来说，使用呼应色是非常保险的配色方案。

（3）同风格：指微课页面整体看起来要风格一致。关注六个细节，即可风格一致。

① 模板一致。

无论选择模板，还是选择单色背景做微课，都要做到风格统一。要么不用，用就要一致。如果使用模板做微课，要尽量保证主要内容页面使用一套模板，不要混搭。

② 图要一致。

这里的图是指图片、图表、图标。对于图片，若一个页面上有多张图片，这些图需要做到相同大小、相同边框、相同距离。

对于图表，微课整体使用的图表应该是一个风格的，尽量不混搭。

对于图标，尽量使用一个系列的，彩色系的都是彩色的，灰色系的都是灰色的。

③ 过渡一致。

微课会有一些过渡页面，如两个模块的转场处、抛出问题的提问页等，这些页面最好版式做的一样，不仅平面版式做的一样，而且涉及的动画、音效等，最好也做一样的。

④ 引导一致。

做微课会用到引导元素，比如看起来互动效果很好的小人等。引导元素要尽量保持风格一致。如果用卡通风格的就都使用卡通风格的，用 3D 的就都使用 3D 的。

⑤ 字体一致。

前面我们讲到微课最好用艺术字体呈现，但是字体不是用得越多越好。最好保持在两三种,而且应该有一种字体为主字体。使用主字体的文字应该占到所有文字的 70% 以上。

⑥ 字号一致。

这并非要求所有文字都一样大,而是指相同层级的文字都尽量做到一样大。例如,一个概念提炼出来三个并列的关键词,这三个词无论是否在一个页面中,字号都应一致。

做到了以上六点,微课页面就风格统一了。

风格统一,再配合强对比、呼应色,微课页面看起来就很协调。这就是微课平面设计的第四个原则:变和谐。

7.2 平面素材:一款爱不释手的素材插件

做微课最耗费时间的是找素材,尤其是要找到与内容相匹配的素材,真不是件容易事儿。而且,这还和一个人的搜索能力有关。可以说,找素材是微课制作的"时间黑洞"。

有没有更高效的搜索方法呢?我最喜欢的工具是"iSlide",如图 7-6 所示。

图 7-6　iSlide 官网首页

iSlide 是一款可以安装到 PowerPoint 或者 WPS 上的功能插件，安装后会被加载成为 PowerPoint 或 WPS 的一部分，如图 7-7 所示。

图 7-7　iSlide 主界面

安装 iSlide 时不要改变默认路径，安装后必须联网，注册并登录账号才能使用。

做微课搜索素材最常用的是插图库，其次是图标库，偶尔也会用到图片库。

- 插图库：提供超过 8 000 张插图的分类下载，插图都是手绘卡通风格的矢量图，非常适用于微课，如图 7-8 所示。这对于做微课来说，真是一座宝藏。

- 图片库：提供比较适合做平面设计的图片素材，大多数都是商用免费的，如图 7-9 所示。

图 7-8　插图库

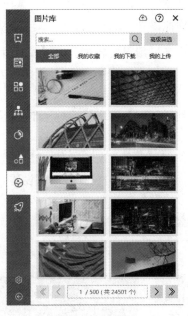

图 7-9　图片库

- 图标库：图标也是常用的素材类别，当找不到合适的插图或图片时，图标常常可以成为高效的替代者。iSlide 拥有 17 万张图标供免费下载，并且这些图标是支持改颜色的。

图 7-10　图标库

除此以外，iSlide 提供了幻灯片模板图示、图表等素材，当然这些素材对于做微课来说用得比较少。其中幻灯片模板是付费功能，其他大多都是免费功能。

iSlide 还包括一些幻灯片制作的辅助功能，有时候它们会成为你做微课的助手。例如，下面四个功能你可能就用得上。

- 生成视频：虽然 PowerPoint 也能生成视频，但 iSlide 的生成过程更个性化，可以对视频做更多设置，如图 7-11 所示。

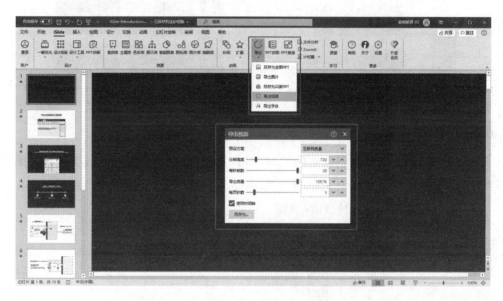

图 7-11　导出视频

- PPT 拼图：这个功能能够帮你将幻灯片转化为长图文微课，非常方便易学，如图 7-12 所示。

- 平滑过渡：这是一个模仿 PowerPoint "平滑" 切换动画（仅在正版微软 Office 365 版本才有）的功能，能够让页面上的两个物体自然过渡，如图 7-13 所示。

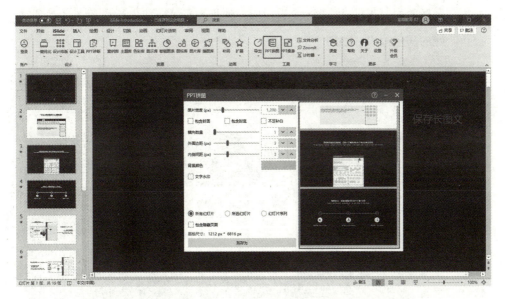

图 7-12　PPT 拼图

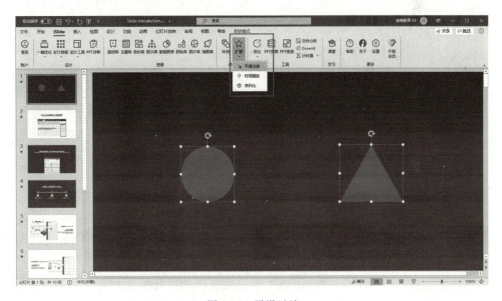

图 7-13　平滑过渡

- ZoomIt：它其实是微软官方的一款小插件，iSlide 内嵌了这个功能。ZoomIt 有四个作用，其中最适合做微课用的是屏幕涂鸦功能。例如，在录屏的同时借助 ZoomIt 涂鸦功能，就相当有了一块电子白板，会起到很好的演示效果，如图 7-14 所示。

图 7-14　ZoomIt

7.3　美颜大师：PPT 快速图片处理原来如此简单

微课平面设计常常会用到图片素材，很多图片都需要进行编辑处理才能使用。PowerPoint 2010 及之后版本的图片处理能力强大，而且操作简单、快捷、方便，能够大大节省做微课的时间。熟练掌握这些技巧，是高效微课制作的基本功。

下面，重点介绍 PowerPoint 中 4 个应用较多的图片处理技巧：删除背景、设置透明色、艺术效果、设置边框。

1. 删除背景

PowerPoint 中的删除背景功能就是 Photoshop 等软件里的"抠图"功能。

从网上下载的图片大多数都带着白色或其他颜色的背景,这样的图片无法与微课页面融合在一起,看起来有些粗糙,不够精致。

使用删除背景功能可以一键搞定。具体操作如下。

(1) 单击图片,选择"图片工具"→"格式"选项(Office 2019 和 Office 365 直接显示为"图片格式",菜单位置与之前版本相似,下同)。

(2) 单击"删除背景",如图 7-15 所示。

图 7-15 删除背景(即抠图功能)

(3) 图片部分变成了红色,这是 PowerPoint 在智能推测你要删除的部分。当然推测也可能是不准确的,大多数情况我们需要手动调整。

(4) 此时页面左上方会显示两个按钮,红色的删除和绿色的保留,单击这两个按钮,鼠标光标就会变成一支笔。

(5) 用这支笔在图片上画线,就相当于在告知 PowerPoint 要删除或保留的区域。你画的线越多,软件也就越能理解你的真实想法,如图 7-16 所示。

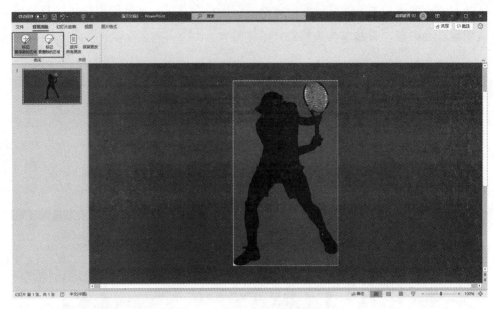

图 7-16 删除背景（操作前）

确认无误后，选择左上角的"保留更改"，完成抠图，如图 7-17 所示。

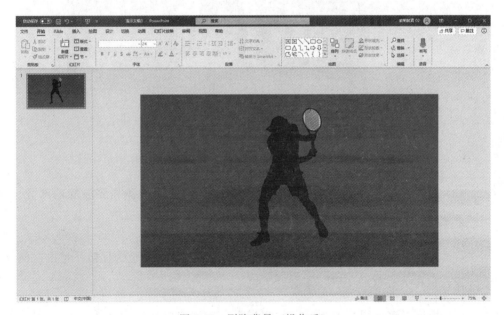

图 7-17 删除背景（操作后）

使用 PowerPoint 删除图片背景的最大优势是速度快,对于操作比较熟练的人来说,一般处理一张图用不了一分钟。如果使用 Photoshop,恐怕很难在这么短的时间内完成。

2. 设置透明色

设置透明色可以删除图片上的某一种颜色。像前面的例子,图片是黑色的,周围一圈都是白色的。如果将白色设置为透明色,那么就起到了抠图的效果。

具体操作如下。

(1)单击图片,选择"图片格式"选项卡。

(2)单击左侧的"颜色"下拉菜单。

(3)选择菜单底部的"设置透明色"功能,如图 7-18 所示。

图 7-18　设置透明色(操作前)

(4)鼠标指针变成了一支笔的形状,单击图片上希望设置为透明的颜色,颜色就被设置为透明了,同样达到了抠图的效果,如图 7-19 所示。

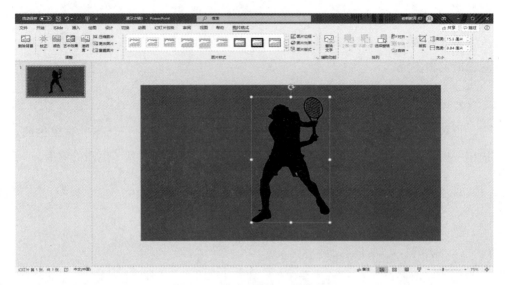

图 7-19 设置透明色（操作后）

这种方法虽然快，但并不能精修图片，因为这只能删掉某一种颜色。举个例子，使用设置透明色的方式去掉周围的白色，页面上的白色可能也会被误删除，而且这种方法通常要求图片质量比较好。比如会有这种情况，我们肉眼感觉是同一个颜色，但实际上有细小差异，对计算机来说就成了两种颜色，这会导致你以为会删掉的颜色没有删除成功，看起来就像图片周围有毛边一样。

如果需要精修图片，还是更推荐删除背景功能。

不过，有一种情况必须使用设置透明色功能，就是当图片是 GIF 动图时，删除背景功能是无效的。原因是 GIF 动图往往是由若干张图片组合起来的，软件无法判断哪张图是背景。所以，GIF 动图只能使用设置透明色功能来处理。

3. 艺术效果

素描、模糊、马赛克等风格就是艺术效果。PowerPoint 目前支持 23 款不同风格的艺术效果，能让图片更生动。

具体操作如下。

（1）单击图片，选择"图片格式"选项卡。

（2）单击左侧的"艺术效果"下拉菜单。

(3) 显示 23 种不同的艺术效果，单击任何一个，被选中的图片就会增加这种效果，如图 7-20 所示。

图 7-20　艺术效果

(4) 如果需要对艺术效果进行进一步设置，可以单击艺术效果菜单最下方的"艺术效果选项"，在右侧打开菜单中可以对当前艺术效果进行个性化设置。例如，对模糊效果的设置可以调整模糊度等，如图 7-21 所示。

图 7-21　艺术效果设置

在做微课平面设计时,恰当运用艺术效果能让页面更加美观。

4. 设置边框

增加边框也是 PowerPoint 处理图片很常用的功能。具体操作如下。

(1) 单击图片,选择"图片格式"选项卡。

(2) 然后选择页面上已经预先设计好的边框,或者自己修改为更个性化的边框,如图 7-22 所示。

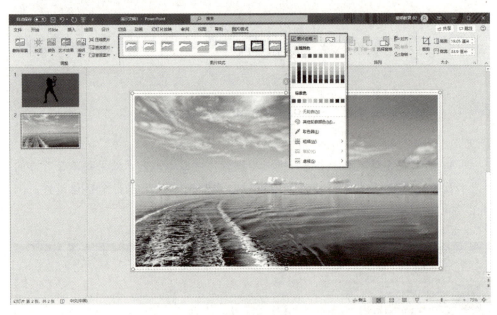

图 7-22 设置边框

除了前面所讲的四个常用图片处理功能以外,PowerPoint 还支持图片裁剪、颜色设置、亮度与对比度设置等。从 Office 2019(或者 Office 365)版本开始,微软还向用户开放了设置"图片透明度"的功能,这让 PowerPoint 的图片处理功能更加强大。

有时为了图片更精致,在使用 PowerPoint 操作时,我们需要稍加变通。例如,我们需要做一张上面清晰下面模糊的图片,看起来软件没有这个功能,其实不难做到,只需要复制出 A、B 两张一样的图片,如图 7-23 所示。

图 7-23　复制 A、B 两张图片

A 图片通过删除背景功能删掉上半部分，只保留下半部分，然后将 A 图片变模糊叠加在 B 图片上面，最后我们看到的就是上面清晰下面模糊的图片了，如图 7-24 所示。

图 7-24　删除 A 图上半部分

| Part 3 制作呈现篇

　　我们也可以制作局部清晰、背景模糊的图片。仍以上面的图片为例子，下面一张设置"艺术效果-模糊"，上面一张设置"删除背景"，删除周围内容，只保留中间部分。两张图片叠加到一起，就形成了局部清晰、背景模糊的图片效果，如图 7-25 所示。

图 7-25　叠加后的效果

　　所以只要稍加变通，PowerPoint 的处理图片功能足够应对微课平面设计要求。软件操作的学习不能只停留在听懂的层面，知不等于行，赶快行动起来，打开计算机去探索一下吧。

> 请在"混合学习实验室"公众号回复关键词"美颜大师"，获得上述实例源文件的下载链接，以方便练习。

7.4　动画原理：三层五理讲动画，从零开始有秘籍（原理篇）

　　制作微课需要具备一定的动画制作基础，但是大多数人对动画是比较陌生的，对动画的制作过程并不了解。很多人说我不知道从哪里开始学，没有头绪。这是因为我们不了解动画设计的原理。下面先快速了解一下动画设计的原理。

请先想一想，日常见到的动画是怎么做出来的？简单说，制作动画的过程可以分为三步，如图 7-26 所示。

图 7-26　动画设计的三个步骤

- 第一步：先想象。

先在大脑里想象动画做完之后是什么样子的。

- 第二步：做拆分。

把想象的动画按照计算机软件能理解的方式，拆解成独立的子动作。

- 第三步：后操作。

打开软件，插入素材，按子动作进行具体的动画设计。

那么，这三个步骤哪一个最困难？应该是第二步，做拆分。拆分为什么难呢？是因为我们不会拆，不理解动画的底层设计原理。实际上，所有动画软件在设计动画时都存在以下三个层级关系，如图 7-27 所示。

图 7-27　动画的三个层级关系

1. 类型

PowerPoint 有四种动画类型，分别是进入、强调、路径、退出。不仅 PowerPoint，几乎所有同类动画软件都是这样的。

- 进入：原来 PPT 页面上没有，单击鼠标就出现了，这就是进入。

- 强调：原来就在页面上，单击鼠标，它以自我为中心动了一下，这就是强调。

- 路径：从一侧走到另一侧，走过了一段轨迹，这个轨迹就叫作路径。

- 退出：原来在页面上，后来没了，叫作退出。

我们看到的任何复杂的动画页面，归根结底，就是这四种不同类型的动画组合起来的。

进入和退出比较好理解。对于强调和路径，初学者常常分不清。强调一般是以自我为中心的运动，而路径是中心点走过了一段轨迹，这段轨迹就是路径。比如，太阳和地球的运动关系中，地球在自转，这就是强调动画，而地球同时在绕着太阳转，后者就是路径动画。

2. 效果

同样是进入效果，我们还会发现有不同的进法。这就到了第二层级——效果。效果就是动画的具体动作方式，例如让一段文字进入页面，可以是飞入、缩放、浮入等不同的动作方式，如图 7-28 所示。PowerPoint 2013 及之后的版本大约提供了 200 种不同的效果。不同软件在效果上是有差异的，做动画比较炫酷的软件，通常就是因为软件内置的效果比较丰富。

3. 个性设置

个性设置是对效果的具体细节的设置。比如，同样是进入动画的飞入效果，可以设置飞入的方向，是一个字一个字地飞还是一起飞，飞过去要不要再飞回来,飞了一遍要不要再飞一遍,飞的时候要不要来一点声音,是否可以晚一点再飞,这些都是对效果的个性化设置。不同软件提供的个性设置也不同,PowerPoint 软件提供的常用个性设置已经基本满足做微课的需要了。

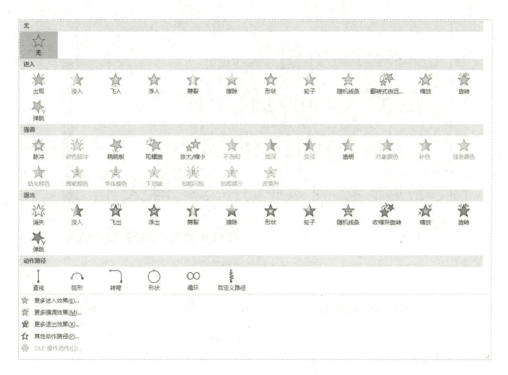

图 7-28 动画效果

理解动画设计功能背后的原理是我们动手做动画的基础。制作动画时,要按照这个原理来设计:先有类型,再有效果,最后是个性设置。这样,任何复杂的动画都可以梳理清楚。

我们做个小练习,看下面这个动画应该怎么做出来。一个客户经理进入页面,走到客户的办公楼门口之后,在办公楼门口徘徊,最后他走进了客户的办公楼消失了,如图 7-29 所示。

首先要了解一下整个过程包含了几种类型和效果,然后再考虑个性化的设置。进入类型的动画能够实现原来页面上没有后来有了的效果。本来页面上是没有客户经理的,后来有了客户经理,说明一定是进入动画。至于怎么过来的,那就不一定了,你可以让他走过来、飞过来、跑过来,这就是效果层面的问题了。

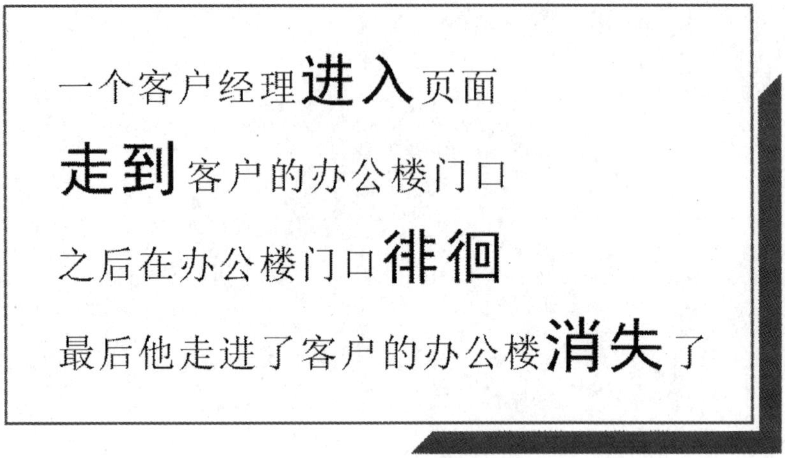

```
一个客户经理 进入 页面
走到 客户的办公楼门口
之后在办公楼门口 徘徊
最后他走进了客户的办公楼 消失 了
```

图 7-29　四种动画类型

接下来,他走到客户的办公楼门口,这是一个什么动画呢?原来这个人就在页面上,后来走了过来,这应该是一个路径。那是什么路径效果呢?显然是一个直线路径。

接下来,这个客户经理在客户的办公楼门口走过来走过去,是强调动画还是路径动画呢?这应该是路径动画,因为他的运动不是以自我为中心的,而是经过了一段轨迹。

接着,这个走来走去的动画又是怎么做出来的呢?客户经理从左边走到右边,这是一个路径,他走过来之后想再走回去,是对这个路径效果进行了个性设置。具体的个性设置为:自动翻转。这样他就会走过来,再走回去。

那么,如何让他不断地走过来走过去呢?还需要对这个路径效果进行个性设置。具体的个性设置为:重复。比如说设置重复五次,那么这个人就是走过来走过去一直重复五次。

最后，客户经理要走到客户的办公楼里面，然后人渐渐地消失了。这是什么类型的动画呢？原来页面上有这个人后来没有了，所以它一定是四种类型当中的退出动画。那怎么保证它能够从这边走到那边，然后慢慢地越来越小呢？退出动画可以让人慢慢变小并消失，而路径动画可以让人从这边又走过来。如果我们把这两个类型的动画叠加到一起，于是就实现了人慢慢地越来越小并且走得越来越远的样子，这样我们就把这个动画做完了。

> 请在"混合学习实验室"公众号回复关键词"动画原理"，获得上述动画演示DEMO及源文件的下载链接。

7.5　动画操作：熟用两个窗格，成为动画大师（操作篇）

前面我们介绍了动画设计的一些理论，下面以 PowerPoint 软件为基础探究如何快速制作动画，以及如何修改别人已经做好的动画模板。

PowerPoint 的动画功能是很强大的，尤其是 PowerPoint 2013 及之后的版本，无论是动画制作功能还是操作界面，都设计得非常好。

使用 PowerPoint 做动画，必须能熟用两个窗格：动画窗格和选择窗格。下面，我们先从最简单的操作入手。

添加动画的基本操作步骤如下：

（1）在页面中插入一张图片（或者文本框等），单击图片，选择"动画"选项卡。

（2）单击右侧的"添加动画"下拉菜单。会看到进入、强调、退出、动作路径四种动画类型，以及若干动画效果，如图 7-30 所示。我们为这张图片添加动画效果。

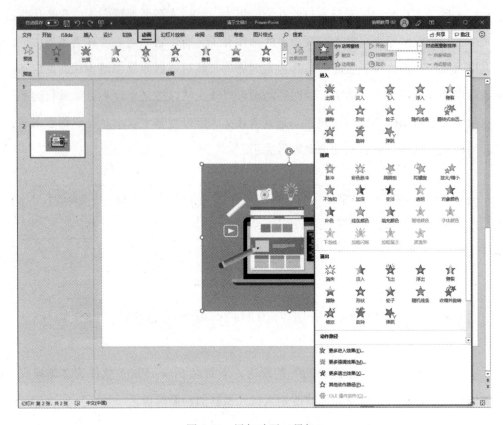

图 7-30 添加动画(累加)

我们以前都是在左侧区域添加动画,现在怎么变到右侧了?

左侧区域添加动画,一个元素只能添加一种动画效果,再添加的话之前的动画效果会被替换掉。例如,如果你已经为这张图添加了飞入效果,再单击飞出,原来的飞入效果就会被替换掉。而右侧添加动画区域添加的动画效果是累加的。所以左侧适合修改动画效果时使用,而需要在一个元素上添加多个动画效果时,选择右边的添加动画功能更合适,如图 7-31 所示。

我们同时为这张图添加四个动画效果:

(1)进入类型,选择"缩放"效果。

(2)强调类型,选择"放大缩小"效果。

（3）路径类型，选择"圆圈"效果。

（4）退出类型，还是选择"缩放"效果退出。

图 7-31　替换动画与添加动画

这样就为这张图添加了四个动画效果，同时包含了四种动画类型。图片左上角的 1、2、3、4 就表示四个动画效果，如图 7-32 所示。

如果页面显示的效果不够用，可以单击最底端的更多效果，目前 PowerPoint 软件支持大约 200 种效果。

添加了动画效果后，想让这些效果按照我们的想法动起来，例如，动快点、动慢点、动早点、动晚点、幅度大点、幅度小点等，怎么操作呢？

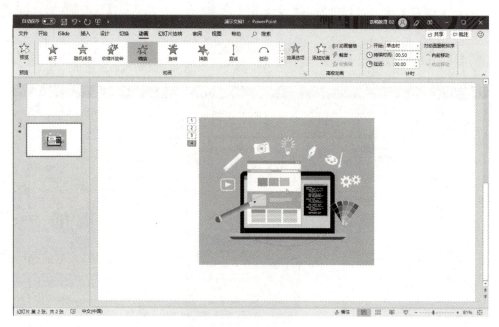

图 7-32　添加四个动画效果

这些操作都可以在一个地方进行设置：动画窗格，如图 7-33 所示。

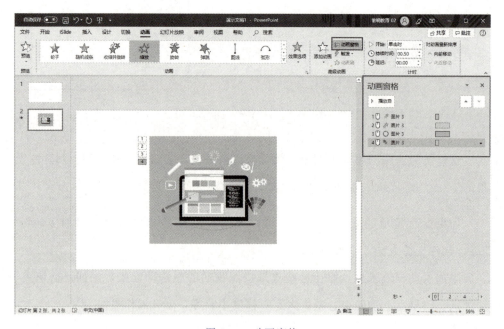

图 7-33　动画窗格

使用动画窗格,可以快速完成动画制作。在添加完动画后,对动画的几乎所有操作都可以在动画窗格里高效完成。

动画窗格的每一行表示一个动画效果。前面我们为这张图添加了四个效果,所以有四行。PowerPoint 用颜色区分了四种动画类型,进入和退出分别用绿色和红色表示,强调用黄色,路径用蓝色。

每一个动画效果前面都有一个鼠标指针符号,表示该动画效果需要单击才能执行。请思考一下,微课中的动画是否需要单击?当然不需要。因为微课中绝大多数动画都是要指定时间的,所以看见鼠标指针符号需要立即删除。

"插入动画,先去鼠标",这一条非常重要,对于很多初学者来说,制作出问题就是卡在这儿。不夸张地讲,在企业培训课堂上大约 80% 的问题都出在这里。

那么这个鼠标指针符号该怎么删除呢?我们可以先在动画窗格中全部选中各行效果,然后单击鼠标右键。在弹出的菜单中有两个选项,一个是"从上一项开始",另一个是"从上一项之后开始",如图 7-34 所示。建议大家选择"从上一项开始",也就是"同时",而暂时不要考虑"之后"。

图 7-34　设置动画"自动播放"

这是为什么呢？我在一线的教学实践中发现，对于初学者来说，这两个选项在第一次接触时很容易混淆。实际上我们在做微课时用到"从上一项之后开始"的情况很少。PowerPoint 的"从上一项之后开始"意味着不管前面是什么，必须播放完了才能播后面的。例如，如果页面中插入了一段音乐，而在音乐后面的某个动画设置了"从上一项之后开始"，这个动画会被强制设置为"只有音乐播放完，才能执行动画"。初学者常常因为这个操作细节出现问题。

我们做微课时，经常遇到的情况是同时执行，或者按照某个指定的时间执行，而非 PowerPoint 所指的"之后"。所以综合来看，初学者不妨假定只有"从上一项开始"这个选项。

设置为"从上一项开始"，意味着四个动画效果同时播放。这当然也不是我们最终需要的，还需要进一步设置动画的执行时间。

接下来，我们研究下动画窗格中的时间关系，把时间关系看明白了，就更能理解为什么要设置为"从上一项开始"了。

先仔细观察一下动画窗格，你能看到隐藏着的时间关系吗？如图 7-35 所示，除了每行动画效果存在先后顺序，动画窗格还隐藏着两个时间关系。

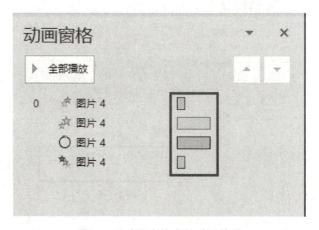

图 7-35 动画窗格中的时间关系

其一，颜色条的长短代表持续时间长短。把鼠标指针放上去，当变成"两条竖线"的符号时拖动,就能调整持续时间了。持续时间越长,表示动画执行得越慢;反之,持续时间越短,表示动画执行得越快。

其二,横向来看,初始位置表示页面的零秒起始位置,往右就代表了延迟时间,如图 7-36 所示。

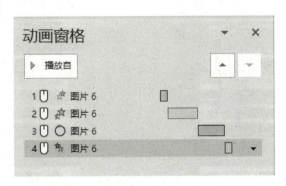

图 7-36　设置动画的执行时间

这样按住颜色条拖动,就能为动画效果设置精确的起始时间了。

此时,如果单击动画窗格的"播放"按钮,会看到图片按我们所想象的动画进行动作。

前面我们介绍了动画存在"类型、效果、个性设置"的层级关系。现在我们知道类型有 4 种,效果有 200 种,那么"个性设置"该如何操作?

在动画窗格中,每一行表示一个效果,对效果的设置跟这一行有关系。其实,只要在动画窗格中"双击"这一行,就会弹出对话框,这个对话框就是当前效果的个性设置窗口,如图 7-37 所示。

例如,双击"放大缩小"效果,弹出设置对话框,我们可以把"放大"改为"缩小",也可以按照精准的比例放大,比如放大到 250%,如图 7-38 所示。

其他的功能也可以了解一下。"自动翻转"表示过去了再回来,也就是放大了再缩小。"动画文本"可以设置文本内容是整批发送一起出现,还是按照词来出现,当然也可以设置为一个字一个字地出现。"声音"可以设置音效。在"计时"选项卡中,可以调整时间相关的个性设置,例如常用的"重复"功能就在此处。

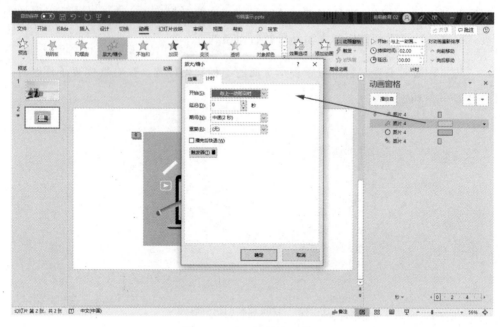

图 7-37 动画效果设置窗口

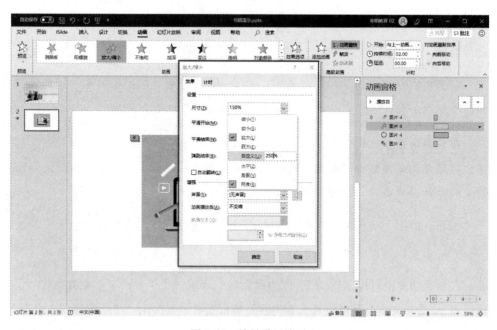

图 7-38 效果设置演示

我们并不需要记住到底每个动画效果有多少种具体的个性设置,只要知道如何打开这个设置菜单就可以了。

对于图片和文字类动画来说,只要做到上面这些就可以了,但对于视频和音频,需要执行三个动作才可以正常播放,如图 7-39 和图 7-40 所示。

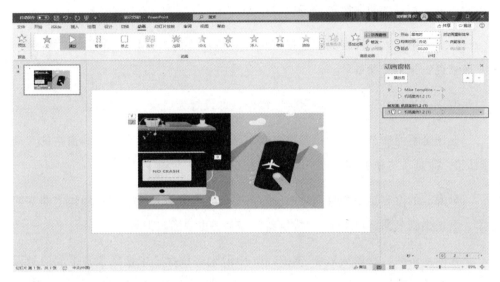

图 7-39 设置音视频(操作前)

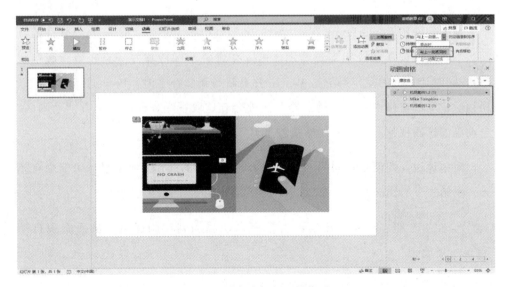

图 7-40 设置音视频(操作后)

第一，去鼠标（指针符号），设置为同时（与一般动画相同）。

第二，拖到顶，置顶，要离开触发区。

第三，兼容性，优化媒体兼容性（部分 PowerPoint 版本不执行此项也行，因此也可以在遇到问题时再执行此项设置）。

在页面中插入一段视频，这段视频在转成最终的微课后，是否能正常播放？一般来说，是不能播放的。

所以，我们首先执行"去鼠标"操作，即设置为"从上一项开始"。

但还是不能播放。因为视频虽然在动画窗格中，但并没有在动画窗格的"动画区"，而是在"触发区"。

触发区的内容是不会自动播放的，需要让它离开触发区。这在操作上非常简单，直接拖到上面就可以了。"触发器"三个字也会随之消失。

在前面讲到，视频插入 PowerPoint 中但未去鼠标、未拖到顶，生成的微课是否会播放这段视频时，我们用"一般来说，是不播放的"来回答，那么，有什么"不一般"的情况呢？

当我们使用 PowerPoint 2016/2019/365（Office 365 为 Office 办公软件的订阅版本，需要按月或按年支付费用，可以在付费期保持软件一直在最新版本状态），同时计算机的操作系统是 Win10 并更新到新版补丁时，PowerPoint 在插入视频后，动画窗格中不仅"触发器"区域会有这段视频，还会在上方"动画区"自动添加这段视频。这样就能够播放了。

简单地说，即便是相同的 Office 版本，在不同的操作系统上显示可能会有差异。总结一下 Office 2019/365 版本与之前版本的差异：

- 插入音频、视频，在动画窗格中自动添加到动画区域，从而实现自动播放。

- 录制旁白时，允许录制视频，且录制功能界面略有不同。

- 增加了"平滑"切换效果。

- 增加了生成 4K 高清视频功能。

- 增加了设置"图片透明度"功能。

回到前面的操作中,老版本 PowerPoint 的"去鼠标""拖到顶"两个操作必须都执行。

对于新版本 PowerPoint,插入音视频会直接放在动画区,你只要忽略触发器的存在就可以了。所以,新版本实际上变简单了,不需要再置顶操作。

最后一步,设置"优化媒体兼容性"。插入兼容性不好的视频可能会有各种小问题(例如插入的视频播放时黑屏或旋转 90°等),而音视频兼容性问题是所有此类软件的共同问题。PowerPoint 内置了兼容性转换工具,选择"文件"选项卡,就能看到"优化媒体兼容性"选项,如图 7-41 所示。

图 7-41　优化媒体兼容性

只有在页面中插入音视频,并且 PowerPoint 认为存在兼容性问题时,才会出现这个按钮,而且只需要优化一次,这个选项就会消失。需要特别注意的是,"优化媒体兼容性"并非必做项。当计算机配置较高、声卡和显卡驱动程序等均正常时，不进行优化也一样可以的。反之，计算机配置很低，也许优化了也不管用。

以上就是在页面中添加视频的方法。

对于音频来说与视频的操作是完全一样的，也是三个动作：

第一，去鼠标，设置为同时。

第二，拖到顶，离开触发器。

第三，优化媒体兼容性。

对于插入的声音文件来说，还有两个注意事项。

其一，PowerPoint 默认插入的声音只在当前页面播放。如果需要跨幻灯片播放，应先单击小喇叭符号，然后选择页面顶端的音频工具，选中"跨幻灯片播放"复选框，如图 7-42 所示，这样就可以在多个页面播放了。

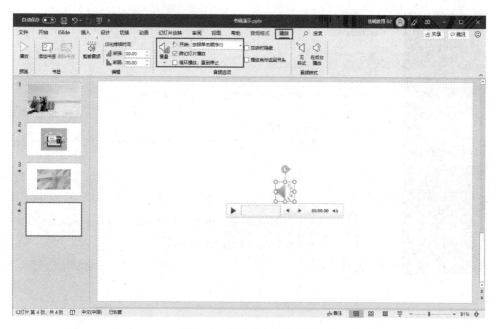

图 7-42 设置跨幻灯片播放

例如，插入了 30 秒声音，设置允许"跨幻灯片播放"，一共 5 张幻灯片，设置了每张播放 6 秒切换，那么最终的效果就是：在播放这 30 秒声音的同时，一共播放了 5 个页面。

其二，PowerPoint 默认插入声音的小喇叭在转成微课视频后会显示在视频中。如何关闭呢？单击已经插入 PowerPoint 页面上的小喇叭图标，在"音频工具"选项卡中找到"放映时隐藏"复选框，如图 7-43 所示，选中即可。

不过，这个操作在 Win7 系统中是个问题，选中了一般也不管用。在 Win10 系统中出现这个问题的概率较低。如果是 Win7 系统，建议试着把小喇叭图标拖拽到页面外，即可轻松解决这个问题。

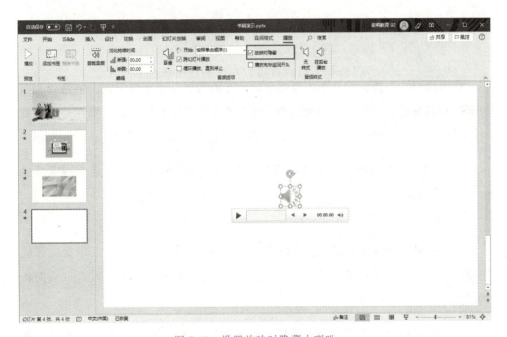

图 7-43　设置放映时隐藏小喇叭

为了更好地理解动画，结合在一线实践中学员经常遇到的问题，我总结了动画的五定理：

- 五定理之一：所有动画都是设置在"框上"的（例如言语本框）。

- 五定理之二：强调动画是以自我为中心运动。

- 五定理之三：路径动画是自我中心点走过的轨迹。

- 五定理之四：加入动画，先去鼠标。

- 五定理之五：音视频三步骤，去鼠标、拖到顶、兼容性。

前面三句是原理层面的，后面两句是操作层面的。

> 请在"混合学习实验室"公众号回复关键词"动画操作"，获得上述动画演示 DEMO 及源文件的下载链接。

7.6 动画捷径：最好的素材，莫过一张 GIF

众所周知，与静止的平面内容相比，动态的微课页面更吸引人。但是，大部分人对动画制作并不熟悉，即便熟悉，完全靠自己手工制作动画，实在是太耗费时间了。其实，巧妙使用 GIF 素材，只需复制粘贴，页面立即生动。

在使用 GIF 素材时，要遵循以下四个原则：优先使用、背景融合、满屏播放、组合动画。

1. 优先使用

GIF 素材是性价比最高、操作最简单、效果最明显的图类素材，因此应该优先使用。但是，GIF 素材也不能滥用，漫无目的地使用 GIF 素材会使微课页面花哨混乱。GIF 素材一般在以下三种情况下使用：

其一，描述微课内容。为了形象地描述微课内容，使用 GIF 作为形象化素材，生动呈现微课内容。此时，要求图片内容与微课内容相匹配。

其二，微课转场切换。为了体现课程的逻辑感，同时帮助学员阶段性提升注意力，可以使用有变化场景功能的 GIF 动画作为转场切换效果。

其三，GIF 人物作为引导元素。在微课页面使用 GIF 人物作为引导元素，人物可以通过说话、动作等引导学生学习。

如果没有明确的目的，建议不要滥用 GIF 素材，避免适得其反。

2. 背景融合

使用 GIF 素材，要考虑与背景融合到一起，这样最终生成视频微课后看不出这是一张 GIF 动图。最容易想到的方法是使用 PowerPoint 的删除背景功能，但是由于 GIF 是由多张图组合起来的，所以 PowerPoint 中的删除背景对 GIF 动图并不好用。

我们制作微课所用到的绝大多数 GIF 素材都是单色背景的，因此可以将 GIF 素材设置为透明色。具体操作如下。

（1）单击图片，选择"图片工具"→"格式"（Office 2019 和 Office 365 显示为"图片格式"，菜单位置与之前版本相似，下同）。

（2）单击选项卡左侧的"颜色"下拉菜单，如图 7-44 所示。

图 7-44 设置透明色（操作前）

（3）选择"设置透明色"，这样 GIF 就和背景融合到一起了，如图 7-45 所示。

图 7-45　设置透明色（操作后）

还有一个办法，即不改变 GIF，将页面背景颜色改为 GIF 背景颜色。具体操作方法如下。

（1）在页面空白处单击右键，选择"设置背景格式"，如图 7-46 所示。

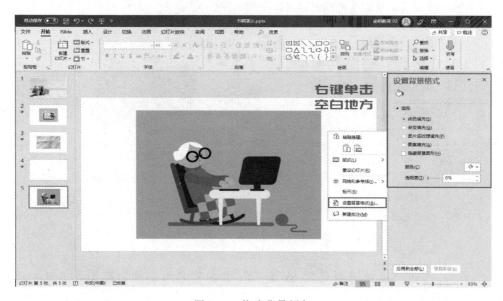

图 7-46　修改背景颜色

(2)选择"填充颜色",单击最下方的"取色器"(取色器的功能在 Office 2013 及之后版本才有),鼠标指针就变成了"吸管",如图 7-47 所示。

图 7-47　选择取色器

(3)选择 GIF 背景颜色,此时背景颜色就变成了 GIF 背景颜色,也实现了背景融合。

3. 满屏播放

有些 GIF 动图可以满屏播放,效果会更好,如图 7-48 和图 7-49 所示。

图 7-48　未满屏播放

图 7-49 满屏播放

4. 组合动画

GIF 本身也是一张图，如果将 GIF 再叠加动画效果，就叫作组合动画。例如，我们可以让 GIF 图片中会动的小人借助组合路径动画真的从左侧走到右侧。GIF 加上动画效果，巧妙的组合会达到"1＋1＞2"的效果。

以上就是 GIF 动画运用的基本原则。做微课，最好的素材莫过于一张 GIF，因为借助它让页面动起来真是太简单了。

> GIF 虽好，但也真难找。在公众号"混合学习实验室"回复"七步入微素材库"，可以获得已经整理好的几千张 GIF 素材，它们覆盖了做微课最常见的场景。

7.7 动比静好：动图的制作方法与技巧

众所周知，动态微课更吸引人。让页面最快动起来的方法是 GIF 动图。但是即便拥有强大的素材库，仍无法满足所有的需求。有时候，我们需要自己动手制作一张动图，例如一个会说话的小人。

我们先要理解 GIF 动图的设计原理。动图其实并不是单独的一张图，而是若干张图组合在一起的。例如，我们需要一个张嘴说话的人物，那么至少需要两张图，一张张着嘴，一张闭着嘴，然后设定两张图交替切换的时间，就可以动起来了。如果需要做得更细致一些，例如边张嘴、边眨眼睛这种复杂点的动图，对应只需要更多不同的静态图在一起交替切换。

理解了这个原理，也就知道了制作 GIF 动图的步骤：

- 第一步：确定分页图片。

- 第二步：合成 GIF 动图。

下面，我们以制作一个会说话的动态 GIF 人物为例，讲解具体的操作步骤。

1. 确定分页图片

确定分页图片，可以使用 PowerPoint 或 WPS 轻松搞定。以下以 PowerPoint 为例进行讲解。

（1）新建幻灯片，并插入图片素材，根据需要适当调整大小。

制作微课动态人物可以使用七步入微素材库内的人物素材，也可以使用自己的图片。在调整素材大小时，按住 Shift 键再拖拽四个角，会等比例放大或缩小而不变形，大小尽量要让素材填满整个页面。

（2）复制幻灯片，稍后对其中一张编辑，让两张图的嘴巴一张一闭。

（3）右键单击图片，选择"组合"→"取消组合"选项，如图 7-50 所示，这样图片就能进行修改了。取消组合也可以使用快捷键"Ctrl＋Shift＋G"。

图 7-50　取消组合

这里，我只想让这个人物会说话，所以，只需要两张图，一张图是张着嘴的，一张图是闭着嘴的。如果要做的 GIF 图片更复杂，可能需要更多张图片。

第一张人物是张大嘴的，如图 7-51 所示。

图 7-51　张大嘴的人物

第二张需要调整，让人物把嘴巴闭上。一种方法是单独选中嘴巴，并且把嘴巴组合起来之后，调整嘴巴大小，这样嘴巴图片就出来了，如图 7-52 所示。另一种方法是简单地把嘴巴图片删除。

图 7-52　小嘴巴的人物

调整完成后，把做好的页面另存为图片。具体的方法是单击"文件"选项卡，找到"另存为"，选择保存的位置，改为"PNG 可移植网络图形格式"，单击"保存"按钮，然后再选择"所有幻灯片"。

稍等片刻保存完成后，在文件夹里可以看到这两张图片。

2. 合成 GIF 动图

需要借助专门的工具合成动图。推荐使用 AnimateGIF，这是一款小巧易用的动图制作工具，能很高效地把多张图片合并成一个 GIF 动图。

打开 AnimateGIF，把刚才的两张图片选中，直接拖放到软件上方的空白区，如图 7-53 所示。

图 7-53 使用 AnimateGIF 生成 GIF 动图

左侧勾选 Loop animation，表示生成的 GIF 一直循环。

右侧 Frame delay 表示两张图片交替切换的间隔时间，数值小就表示快，数值大就表示慢。时间间隔的单位是毫秒，嘴巴说话动图一般设置为 200～400 毫秒比较合适。

下方的 Quality 表示生成 GIF 图片的质量，选择默认的平衡或者高质量均可。

设置完成后，单击最下方的 Animate 按钮，选择保存位置，一张 GIF 动图就生成了。

在上面的操作中，图片是有嘴的，如果图片是闭嘴或者没有嘴的，其实也可以从其他素材中复制一个嘴，插入这个素材中使用。

如果想要更复杂一些，例如手向下移动、走路等，也可以通过调整手脚的位置来达到移动的效果。

在上面的操作中，我们选择的图片是可以取消组合的，这实际上是一张绘图，七步入微素材库提供的都是绘图，方便取消组合进行编辑。但如果是自己拍摄的照片，不能取消组合，该怎么办呢？使用图片处理工具，比如 PowerPoint，也能做出来两张嘴巴不同的图片，然后使用 AnimateGIF 合成。举个例子，如图 7-54 所示，这是一张无法取消组合的普通图片。我们已经有一张正常张嘴的照片了，要再做一张小嘴巴的照片。

图 7-54　无法取消组合的普通图片

（1）复制一张图片，如图 7-55 所示。

图 7-55　复制两张一样的图片

（2）裁剪图片，剪取嘴巴附近的颜色块，如图7-56所示。

图7-56　剪裁处理

（3）把素材移到嘴巴的位置并调整大小，覆盖住原来的嘴巴。这样图片变成了没有嘴巴的图片。

选择"图片效果"的柔化边缘功能，能够让嘴巴看起来更自然，如图7-57所示。

图7-57　覆盖原图嘴巴

（4）再复制一张图片，通过裁剪只保留嘴巴。调整嘴巴大小，让嘴巴变得小一点，如图7-58所示。

图7-58　粘贴新嘴巴

（5）用调整好的嘴巴覆盖在刚刚做好的没有嘴巴的图片上。这样就有了小嘴巴图片，如图7-59所示。

图7-59　调整为小嘴巴

（6）将正常的嘴巴图片和小嘴巴图片分别导出为 PNG 格式图片，然后再用 AnimateGIF 合成动图即可，如图 7-60 所示。

图 7-60　将两张图合成动图

我们可以把上面的思路称为"创可贴"法，运用这个小技巧，即便不借助外部专业工具，也能快速对图片修修补补。

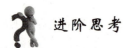

7.8　语音合成：让蜡笔小新为你配音

对于内容比较长的微课，建议使用组合录音的方式，也就是有一个人负责整体录音，另一个人"搭班子"配合。这样能够避免声音单调，让学习体验更好，同时还能制造课程的节奏感。但是，很多人做微课都是"单兵作战"，找真人"搭班子"不太容易。而且，我们建议"搭班子"的人应该和自己的声音有明显的差异性，这进一步增大了难度。此时如果有一个机器人，能帮你把这些话说出来，那就太好了。

其实，有很多工具可以实现把文字转成声音。科大讯飞的网站"配音阁"（该网站需要付费使用）合成音质量比较好。只要将准备好的文字稿上传，选择合适的声音效果，就能把你文字生成不同风格的声音。

首先，登录配音阁 www.peiyinge.com，如图 7-61 所示。

图 7-61　配音阁首页界面

进入后界面显示有合成语音和真人语音两种模式，我们选择合成语音（有特殊需要可以选择真人主播，付费请专业配音人员帮你配音）。然后，从 40 种风格中选择一种，如图 7-62 所示。在打开的界面中输入要进行转换的文字，然后单击试听就能听到合成语音了。需要注意的是，试听前会有验证码，并且验证码区分大小写。

图 7-62　试听及选择合适风格

配音阁提供了最基本的音频操作功能，可以选择语速的快慢、声音的大小，还可以设置背景音乐等功能。但是这些功能在当前阶段还很少用到，即便有语速快慢、声音大小的个性需求，也通常是在后期剪辑软件中处理，而非此处。所以直接选择默认即可，如图 7-63 所示。

图 7-63　制作合成音

如果对声音的效果不满意，也可以随时更换主播试听。

试听完毕后，就可以下载这段语音合成音频了。目前配音阁网站是需要少量付费才支持下载的。

配音阁的使用非常简单，但有几个常见问题需要注意，如图 7-64 所示。

图 7-64　配音阁使用的四个常见问题

1．网络好软件新

配音阁是一个在线网站，需要有比较稳定的网络，网络不稳定，合成过程会出现卡顿。在朗读时，如果看到主播音量调节旁有个小圆圈一直转，就说明网络不好。同时，因为是在线工具，对浏览器也有要求，一般老版本的 IE 浏览器容易出问题，而其他浏览器一般都是正常的，Chrome、360、QQ、百度、搜狗等浏览器的"极速模式"都可以。

2. 先合成后剪辑

配音阁是逐句合成语音，当一次性合成很多文字时，即便它们前后是不连贯的，也建议先一次性合成。这样，如果需要分割，只需后期使用剪辑软件处理。综合来看，这样会更高效。

3. 遇卡顿查标点

你可能会遇到在使用配音阁时突然卡住的情况，如果排除了网络和浏览器的原因，还有一种情况就是标点符号异常。配音阁对少数标点符号不支持，当这些标点符号出现时，就像被噎住了一样，突然读不出来了，所以当卡住时先检查标点符号。最经常卡住的标点符号是％，把％换成中文"百分号"三个字即可。双引号或者破折号等标点符号也偶尔会出现此类问题。总之，如果遇到不明原因的卡顿，不要着急，可以尝试处理下标点符号。

4. 发错音改错字

计算机合成的语音可能不准确，比如出差的"差"应该发 chai，但是它发的却是 cha，这种情况怎么办？改变不了它，那就改变我们自己吧。例如使用同音"错别字"，把"出差"写成"出拆"，只要发音一样就可以了。

掌握了以上四点，在使用配音阁时会更加得心应手。

配音阁是较高质量的合成音网站，缺点是要付费使用。2019 年底，试听也增加了声音水印以防止盗用。当然，现在仍有很多网站是免费的，但由于网站可能会变化，我们会持续关注最新动态。

> 请在"混合学习实验室"公众号回复"合成音"，获得最新的免费合成音网站列表。

7.9 临门一脚：巧用绿色工具添加专业字幕

微课制作的最后一个任务是加字幕。字幕添加完毕，微课才算完成。字幕添加推荐使用 ArcTime，它是一款操作非常简单的字幕编辑工具，而且无须安装。

我们先简单梳理一下添加字幕的步骤。可以分为三步，第一步制作字幕，需要把文字稿逐行分开，然后为每一行设置一个进入动画的时间和退出动画的时间。这项工作看起来很复杂，ArcTime 可以帮我们减少工作量。第二步设置字幕格式。第三步生成包含字幕的视频。下面详细介绍每个步骤的操作方法和技巧。

1. 制作字幕

制作字幕前需要准备好文字脚本，有了完整脚本才能制作最终的字幕。拿到脚本后，需要先把脚本进行分段，即每一段就是一行字幕。一般来说每行/每段字幕应尽量不超过 20 个字，调整完后粘贴到右侧字幕稿存放区，如图 7-65 所示，然后就可以开始创作字幕了。

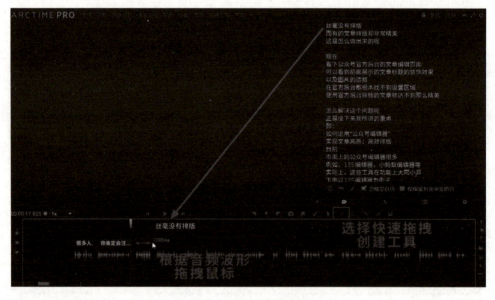

图 7-65　ArcTime 主界面

单击快速创建工具（快捷键 D 键），进入创作字幕的状态。

切换之后会有一句话随着鼠标指针移动，这句话就是内容区域最上面的一句话。

从头播放视频，根据语音讲解同步拖拽字幕，鼠标左键一按、一拖、一松，一段字幕就制作完毕了。

若在拖拽时产生了重叠，软件会自动去除。就这样不断重复，直到把所有文字都设置完毕。

2. 编辑格式

创建完字幕后，可以对字幕样式进行设置。首先单击界面右侧的"A"，如图 7-66 所示，在显示的菜单中双击第一行"Default"，进入编辑界面，如图 7-67 所示。

在字幕样式编辑对话框中，可以设置关于文字的所有属性，包括字体、字号、颜色、距离等，编辑完后阅览区支持实时预览。

图 7-66 设置字幕样式的步骤

| Part 3 制作呈现篇

图 7-67 字幕样式编辑器界面

3. 字幕导出

字幕制作并编辑完成后就可以导出文件了。

ArcTime 提供了多种字幕文件的生成方式，我们可以选择"字幕文件"导出 SRT 文件，方便后期编辑，也可以选择"快速压制视频（标准 MP4）"，直接将字幕内嵌到视频里，如图 7-68 所示。

接下来会弹出输出视频快速设置窗口，一般来说选择默认即可。如果有优化需要，可以参考下面的解释。

第一，CRF 数值越小画质越好，数值越大画质越差；Preset 数值越大文件越小，数值越小文件越大。

第二，ABR 数值越小，文件越小，数值越大，文件越大；Preset 数值越大画质越好，数值越小画质越差。

大多数情况下，可以忽略这两个解释，直接单击"确认"按钮，就进入视频制作环节了。

稍等片刻，字幕压制完成。在存放原视频的同一文件夹内，会出现一个新的文件夹，打开就可以看到转码生成的文件了。

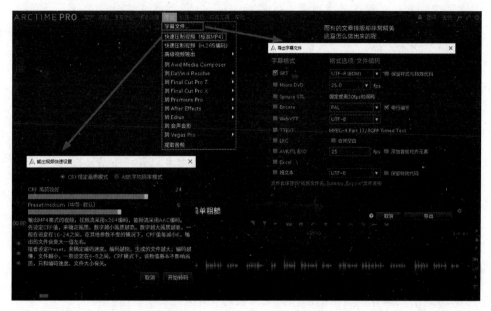

图 7-68　导出字幕文件及压制视频

请在"混合学习实验室"公众号回复关键词"临门一脚"，获得上述字幕源文件的下载链接，以方便操作练习。

实操练习

7.1　平面设计：向广告学微课，四个原则要牢记

- 请找一张高铁、机场等场所的广告牌，并按照四个原则分析这张广告牌。

7.2　平面素材：一款爱不释手的素材插件

- 请按本书操作演示，练习素材插件的使用。

7.3 美颜大师：PPT 快速图片处理原来如此简单

- 请按本书操作演示，任选一张图进行以下四个操作练习：①删除背景；②设置透明色；③设置艺术效果；④添加边框。

7.4 动画原理：三层五理讲动画，从零开始有秘籍（原理篇）

- 请以本书任意一个动画视频微课为例子，找到某个具体动画，分析该微课动画的制作原理。

7.5 动画操作：熟用两个窗格，成为动画大师（操作篇）

- 请参考本书提供的动画 DEMO 演示，自己亲手完成一个动画制作。

- 请使用"选择窗格"功能，修改一个复杂的动画页面。

7.6 动画捷径：最好的素材，莫过一张 GIF

- 请按本书操作演示，练习使用 GIF 动图。

7.7 动比静好：动图的制作方法与技巧

- 请按本书操作演示，练习使用动图工具制作一张简单动图。

7.8 语音合成：让蜡笔小新为你配音

- 请按本书操作演示，练习使用合成音对脚本文稿配音。

7.9 临门一脚：巧用绿色工具添加专业字幕

- 请按本书操作演示，练习使用字幕软件为视频添加字幕。

- 请完成自己微课的最终版，并添加字幕。

Part 4　组织运营篇

第 8 章 微课在企业中的运营与管理

8.1 布局：微课不一定要有体系

在过去五年，我为超过 200 家企业进行了微课设计与开发相关的咨询和培训。很多企业在第一次沟通时，都很关心这样一个问题："微课的课程体系应该怎么梳理？"我常回答："不用着急，先做着。"但很多企业对我的答案并不满意，依然希望在体系方面给出建议。

下面谈下我对此问题的看法。

如果建立微课体系，要从哪方面开始？绝大多数企业会像规划传统面授课程体系一样，从组织战略入手，分析业务重点，找到岗位能力模型，然后根据需求与能力间的关系，得到课程列表。结果微课与传统面授课程体系没有本质的不同，甚至完全相同。出现这样的结果，是因为微课也是课，本质上都是在传递信息，只是渠道不同罢了。

微课的应用有两个方面，一方面"作为课"，另一方面"不止课"。作为课，微课应该与传统面授课程内容交叉、形式互补。不止课，微课还是交流沟通的工具，超出能力模型的范畴。

如果要搭建体系，怎么做？建议三步走。

- 第一步，互补选题：基于传统课程，确定互补性微课主题。

- 第二步，收集问题：广泛调研一线问题，聚焦微课可干预主题。

- 第三步，统筹规划：人力资源部统筹确定具体微课主题。

第一步：互补选题

微课体系不必按能力模型做梳理，利用传统面授课程体系的成果即可。所以，要基于传统课程，确定互补性微课主题。

哪些有互补性？可以从两个角度考虑：需要被替代的和需要被优化的。

需要被替代的，指企业决心使用微课替代原有课程。例如，某生产制造型企业，新员工入职培训 10 天，要掌握很多基础知识，但人员流动性特别大，对企业资源的浪费比较大。人力资源部在调研分析后决定，拆分出若干自学就能掌握的基础知识点，改由新员工入职前先自学。在培训时，第一天安排对自学内容进行测评的环节，根据测评结果进行答疑。这样就把 10 天面授时间压缩为 5 天。

再如，某零售企业，集团总部员工能够完成新员工培训，但分公司却做不到。于是人力资源部决定，将总部的新员工培训课程微课化，这样分公司员工也能够学习这些课程内容。

以上情况，需要确定微课主题，要把关注点放在内容层面，即拆分构成体系完整的独立小课程。举个例子，2018 年我决定将七步入微完全线上化，于是将 3 天面授培训的内容拆分成 46 门独立微课，如图 8-1 所示。需要注意，鉴于微课的特点，建议每门课程独立，减少连续剧式的系列微课，这样方便学员"按需学习"，也是微课的最大价值所在。

需要被优化的，是指企业在原有面授课程的基础上增加微课，让面授课程更有效。例如，某金融企业很重视培训，但是员工又非常忙，平时没时间参加培训，尤其是没有大段时间。对于这种业务优先的情况，人力资源部决定用微课进行优化，在原有面授班的基础上，拆分出部分基础内容作为微课自学。在面授前先行导入，在面授后延伸微课主题，提供自学机会，以便达到压缩面授时间，但教学内容不减少、培训效果不减弱的效果。

模块	课程编号	类别	课程名称	时长	制作形式	版本
微课的应用与选题	S1-1	选修课	解读微课：为什么知名企业都在做微课？	8	动画微课	V2020.1
	S1-2	选修课	三种类型：按需选择，能抓耗子是好猫	5	动画微课	V2020.1
	S1-3	选修课	广泛应用：为什么一线业务部门争着做微课？	7	动画微课	V2020.1
	S1-4	核心课	四问定题：搞清四个问题，选题才算有效	7	真人实拍	V2020.1
微课整体制作思路	S2-1	核心课	整体流程：微课是如何炼成的？	6	真人实拍	V2020.1
	S2-2	选修课	案例剖析：动画微课制作思路解读	17	真人实拍	V2020.1
	S2-3	选修课	案例剖析：微课脚本撰写思路解读	6	真人实拍	V2020.1
如何设计微课脚本（核心课）	S3-1	核心课	脚本导读：脚本速成四步法	7	真人实拍	V2020.1
	S3-2	核心课	整体框架：微课脚本的整体构成	15	真人实拍	V2020.1
	S3-3	核心课	主线选择：具体怎么做，能让微课结构更清晰？	13	动画微课	V2020.1
	S3-4	核心课	萃取干货：即便呈现再好，也要内容为王	9	真人实拍	V2020.1
	S3-5	核心课	深挖细节：到底怎么做，才算细下来！	12	真人实拍	V2020.1
如何优化微课脚本（进阶课）	S4-1	选修课	脑友好型：大脑喜欢接受怎样的微课信息？	8	动画微课	V2020.1
	S4-2	选修课	记忆线索：五种"建模"方法，"串联"微课内容	5	动画微课	V2020.1
	S4-3	选修课	牢固掌握：让学员印象深刻的三个方法	8	动画微课	V2020.1
	S4-4	选修课	黄金时刻：导入要走心，结尾要创新1（导入）	6	真人实拍	V2020.1
	S4-5	选修课	黄金时刻：导入要走心，结尾要创新2（结尾）	6	真人实拍	V2020.1
	S4-6	选修课	案例微课：案例型微课的设计流程	8	动画微课	V2020.1
如何撰写微课脚本（辅助课）	S5-1	选修课	快速成稿：高效写作弁白脚本，前人经验分成三步	8	动画微课	V2020.1
	S5-2	选修课	脚本案例：细致剖析微课脚本	12	真人实拍	V2020.1
	S5-3	选修课	包装题目：吸引人的题目，只做到了一半	5	动画微课	V2020.1
	S5-4	选修课	梳理内容：最容易上手的两款免费脑图工具	7	动画微课	V2020.1
	S5-5	选修课	获取资料：如何搜索参考资料？	5	动画微课	V2020.1
如何制作视频微课（核心课）	S6-1	核心课	制作微课：七个步骤，完成视频微课（制作微课1-标准版）	16	真人实拍	V2020.1
	S6-2	核心课	速成微课：七个步骤，速成视频微课（制作微课2-极简版）	4	真人实拍	V2020.1
	S6-3	核心课	素材神器：一款爱不释手的素材插件	5	动画微课	V2020.1
	S6-4	核心课	屏幕录制：做微课一定会用得上的技能	8	拍屏	V2020.1
	S6-5	核心课	美颜大师：PPT快速图片处理原来如此简单	7	拍屏	V2020.1
	S6-6	核心课	剪辑高手：随心所欲剪视频，只需一款小软件	8	拍屏	V2020.1
	S6-7	核心课	不止所见：一键添加视频字幕，迅速提升微课逼格	5	拍屏	V2020.1
如何制作视频微课（辅助课）	S6-8	选修课	动画捷径：最好的素材，莫过于一张GIF	7	动画微课	V2020.1
	S6-9	选修课	动比静好：动图的制作方法与技巧	8	拍屏	V2020.1
	S6-10	选修课	锦上添花：巧用绿色小软件，改造字幕个性化	7	拍屏	V2020.1
	S6-11	选修课	高效搜索：常见类型素材搜索渠道推荐	6	动画微课	V2020.1
	S6-12	选修课	版权雷区：素材版权无小事，莫踩雷区细搜索	11	动画微课	V2020.1
平面设计专题课	S7-1	专题选修	平面思路：向广告学微课	8	动画微课	V2020.1
	S7-2	专题核心	平面技巧：微课平面制作技巧	8	动画微课	V2020.1
	S7-3	专题选修	速成图文：图文微课制作傻瓜教程	10	拍屏	V2020.1
动画操作专题课	S8-1	专题核心	动画原理：新手初次学动画，理解原理最重要	9	动画微课	V2020.1
	S8-2	专题核心	动画操作：熟用两个窗格，成为动画大师	10	拍屏	V2020.1
	S8-3	专题核心	动画细节：动画碰上音视频，切莫忽视小细节	7	动画微课	V2020.1
	S8-4	专题核心	偷梁换柱：学会这五招，没有改不了的动画模板	6	拍屏	V2020.1
实景拍摄专题课	S9-1	专题核心	拍摄流程：仅需五步，轻松搞定实拍微课	9	真人实拍	V2020.1
	S9-2	专题选修	视听语言：掌握三镜头，学会视听语言	9	真人实拍	V2020.1
	S9-3	专题选修	拍摄技巧：掌握五个小技巧，快速呈现实拍微课	7	真人实拍	V2020.1
素材库	S10-1	选修课	素材库应用指引	15	拍屏	随时更新

图8-1 七步入微46门独立课程清单

现实中，我们发现这样"太理想化"了。员工连面授都没时间参加，会课下自学视频微课？当然不会。

所以，对于以上情况，不仅要关注微课主题、内容，还要关注运营层面的设计，即基于运营的需要反过来规划微课内容。缺少了运营的学习设计，项目注定是残缺的。

我在2016年开始尝试线上线下混合的培训模式，线上内容与线下相衔接。为了让面授更加有效，线上模块设计为课前、课后各三节自学课。课前三节课分别为"系统视角，读懂微课""微课的三种类型""微课制作的步骤与注意事项"，解决微课概念导入、形式认知、了解制作过程三个问题。课后三节课分别是"如何绘制手绘微课""如何修改动画素材""如何解决微课素材版权问题"，这些都是为了锦上添花，帮助学员做得更好。而且，还运用了测评、带教、分享等多种运营手段，确保所有自学课都不是孤立的，而是与面授课程内容相衔接的。

需要注意的是，有些培训课程对面授这种教学形式有很高的依赖性，其实可以不用做微课，也就是未必非要跟风。微课是若干培训形式中的一种，并不是所有课程都要微课化。我们不可能也没必要把所有课程都做成微课。

第二步：收集问题

前面确定微课主题，是基于原有课程体系。如果跳出这个框架，可以通过广泛调研一线问题，聚焦微课可干预的主题。

微课可以解决哪些问题？需要有"一个前提，四个要点"。

一个前提是"不用面对面辅导"的问题，例如，能够通过写出来、画出来、讲出来就能表达清楚，学员据此能够解决的问题。举个更细致的例子，教别人使用微波炉，一张图配些字就能说明白，这种情况就是不需要"面对面"。但是，要教别人维修发动机，对即时性互动依赖性很强，不当面辅导就很难说清楚，这种情况就必须"面对面"。

与此同时，如果满足以下"四个要点"中至少一个，就更适合做成微课。

- 要点1：解决问题所需要的时间比较短。

- 要点2：问题不仅一个人遇到，同岗位的人也会遇到。

- 要点 3：问题是高频的。
- 要点 4：是业务重点，或者热点、痛点、盲点、坑点。

第三步：统筹规划

统筹规划就是由人力资源部统筹确定具体的微课主题。微课制作成本较高，而资源有限，所以建议分批开发，逐步推进。这就需要由人力资源部来决定哪些主题适合开发，哪些主题优先开发，同时实现组织资源的最大化利用，避免的浪费。

对于企业来说，让微课"动起来"和"用起来"比微课体系更重要，所以要先让员工认识和认可这种形式。

无论有没有微课体系，企业都会遇到一个问题，如何推动制作这些微课？很多企业会走向极端。

第一个极端，规划了庞大的体系，全部都做出来，形成"无缝体系"。这种极端的痛点是费时费力，后面很可能坚持不下来。我们不太可能把所有面授的课程内容都做成微课。如果核算时间成本，制作一门微课会非常昂贵。

第二个极端，外包给外部机构。这样似乎"省心省力"，但实际情况是，别人做的可能并不是你想要的，而且核算最终成本，依然非常高昂。

两边都走不通，于是有第三条路，完全采购外部供应商已有的成品。这种方式似乎成本很低，比定制便宜很多，但遗憾的是九成以上廉价的成品微课，对员工都没什么实际帮助。

制作：五种渠道组合拳

那么，微课该怎么制作呢？建议打组合拳。我整理了制作微课的五个渠道，如图 8-2 所示，多种渠道组合，可能会是比较有效的方法。

方法 1：培训部门或内训师做

好处是配合度相对高，容易快速产出作品；问题是内容可能会脱离业务，且不太容易批量产出。

图 8-2　五个微课制作渠道

方法 2：广泛调动一线员工做

好处是容易快速产出批量微课，且微课主题及内容通常都与业务衔接比较紧密。问题一是调动一线员工困难，需要借助微课大赛等形式进行推动；问题二是可能需要调动的员工较多，需要组织多次赋能培训；问题三是人员等客观原因可能导致部分微课质量偏低。

方法 3：基于项目或任务做

这种方法适合突击，与具体工作绑定，容易调动学员的参与意愿。例如，针对"新员工培训"制作微课，或者针对"班组长晋升培训"制作微课。基于项目或任务完成的微课，由于目标明确、沟通充分，通常质量比较高。

方法 4：外包

这种方法虽不推荐，但也不排斥，尤其是在费用比较充足的情况下。外包可以定制开发需要的微课，也可以采购成品。弊端也很明显，前者费用高昂，且可能形式很好，内容欠佳，毕竟外包人员可能对我们的业务了解不深入；后者价格低廉，但买来的东西可能不是真正需要的。

方法 5：合作

这种方法是先进行微课脚本设计培训，用大约 1 天时间辅导员工完成微课脚本设计（也可以采用纯线上模式），之后委托外部合作机构完成后期制作。这种方法在沟通充分时，会事半功倍。一方面内容由自己员工完成，保证内容的有效性；另一方面制作由外部合作机构完成，节省了自己员工的时间成本。综合来讲，这种方式性价比较高，但并不是所有的合作开发都是成功的。分享四个经验：其一，员工脚本一定要写逐字稿，也就是尽量不让合作机构干涉稿件内容；

其二，交给合作机构时，要同时提供一个 DEMO，确保合作机构知道你想要的形式，如果提供不了 DEMO，可以请合作机构提供 DEMO，然后企业明确标准；其三，尽量批量做微课，对于大多数合作机构，量越大，成本越低，做 10 门和 100 门微课，单价可能差一倍以上；其四，优先选择辅导脚本的咨询机构提供的微课制作服务，而不是选择擅长制作微课的供应商提供脚本辅导服务。这类似于找医生推荐药品还是药厂推荐医生，当然是选前者。脚本辅导一定要选择专业的人。

上面五种方法，没有一定好或者不好，建议组合选择，找到最适合自己的模式。

8.2 推广：大赛不一定要选第一

很多企业都考虑过通过微课大赛，推动微课在企业学习中的应用和推广，甚至一些社会团体和咨询机构也组织过微课大赛。在辅导过几十家企业举办微课大赛后，我认为这是快速推广微课的好方式，但是办好大赛并不容易。

组织一场微课大赛可分为五个阶段，如图 8-3 所示。

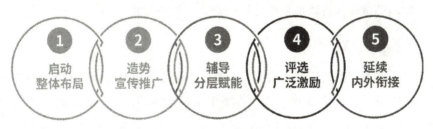

图 8-3　组织微课大赛的五个阶段

1. 启动：整体布局

这个阶段要整体规划，细致布局。以下三点，是经常遇到的情况，也是比较容易忽略的问题。

(1) 获得中层支持

大多数项目,我们只需考虑高层支持,但微课项目需要"普遍支持",业务部门中层的支持有时比高层更关键。

例如,某银行组织微课大赛,人力资源部获得了高层的支持和认可,甚至在赋能培训、比赛现场都全程参与,但项目产出的微课成果并不好。后来发现,问题出在各业务线选派人员上。由于各业务部门负责人对微课不了解,选派了不适合此次项目的人员。参训人员对预计投入不了解,导致期望和实际差别过大。最终,微课大赛很隆重地组织完成,但产出并不大。

上述情况非常普遍,微课大赛必须获得中层支持,尤其是核心业务部门的支持。微课的选题来源于业务,最终也应用于业务,"从业务中来、到业务中去"的特点决定了必须与业务部门紧密协作,才可以让微课大赛创造价值。

许多业务部门负责人并非不支持,而是不了解微课的价值。例如,在某城市商业银行总行首届微课大赛辅导中,就遇到了这个问题。如何让中层干部了解微课的价值?企业人力资源部对微课的了解不足以说服业务部门。后来,我和人力资源部协商组织了一次内部线上公开课。人力资源部负责协调内部业务条线人员参加,而我负责在线介绍微课的前世今生和特点,重点分析微课的应用案例,让业务部门了解到微课的价值。后来业务部门了解了微课的作用,选派合适的人员参加,对后期微课大赛成功举办起到了关键的助推作用。

(2) 完成规则设计

第二个容易忽略的问题是没有把大赛的整体过程仔细推演一遍,进行各环节细致的规则设计。这会导致大赛在后期出现延迟或停滞,严重的甚至导致"烂尾"。

例如,某大型企业总部组织微课大赛,总部位于北京,全国设有分公司约50家,每家分公司300~1 000人不等,全国总人数约45 000人。

总部在微课比赛前,没有进行详细的规则设计,而是先下发通知"要求各分公司报送作品",由于担心分公司配合不积极,进行了"适当的课题分配"。出乎意料的是,下发通知后收到了超过4 000门微课,总部人力资源部变得非常被动。

首先，4 000 门课如何筛选并未做足计划，无从下手，选题合适与否又不应该单由人力资源部来定，临时找业务部门协商又来不及；其次，由于预估不足，负责微课大赛的只有 1 人，无论是否有咨询公司的协助，都不可能完成 4 000 门课的评估；最后，由于项目规划了初赛、复赛、决赛等环节，时间都已公布，但规则并没有说明，所以项目受到了很大挑战。

因此，微课大赛一定要事先完成规则设计，否则过程中可能会产生各种不可控的因素。

具体规则主要包含整个微课大赛分成几个阶段，每个阶段的工作量，初、复赛的评价标准和形式，可能会产生哪些风险，在产生后如何解决。

在进行规则设计时，要考虑细致。举个例子，如果预计有 4 000 门微课提交，每门微课由 2 个评委来审核，假设每个评委看 10 分钟才能决定其成绩，那么需要审核 $4\ 000 \times 10 \times 2 = 80\ 000$ 分钟，折算为 1 300 多个小时。如果每天工作 8 小时，那么就是 167 个工作日。

对于规则设计，因为企业的差异性很大，没有一套万能的方案可以直接套用。在遇到问题时，先做足够多的思考，进行初步规划，然后请有经验的咨询顾问介入，一起完善方案。需要注意的是，在没有足够多的思考和初步规划时，最好不要直接问咨询顾问"怎么办"或者"有没有好的经验"。因为顾问的最大价值是建立在对你足够了解的基础上，帮你解决问题。

（3）确定微课标准

企业在发布微课大赛通知时，要附带对作品的简单要求，例如 MP4 格式、动画或拍摄视频的形式、时长等。在整体布局阶段，建议事先确定微课 DEMO，并随比赛通知发放。

制作简单的微课并不难，但如果要追求很好的效果，需要花费很大精力。人力资源部需要在一开始就告诉员工微课的大体内容和形式，让员工有感性的认识。

有微课制作经验的企业，建议使用企业内部已完成的微课当DEMO；第一次组织微课大赛的企业，可以由人力资源部收集微课DEMO，或者向协助执行项目的咨询公司索取。

> 可以在"混合学习实验室"公众号回复"微课作品"，获取七步入微向企业微课大赛提供的作品DEMO。

2. 造势：宣传推广

在进行了整体规划后，进入造势阶段，让更多人认可微课价值，并愿意参与进来。即便是人力资源部能够靠"一纸通知"就号召公司全员，也建议做好推动宣传。因为好微课靠雕琢，内心愿意参与，比强拉硬拽更有价值。

（1）组织内部宣讲

我辅导过几百家企业的员工做微课，但是真正"明明白白"参加的很少，大多数都是"稀里糊涂"就来了。这常常会造成组织资源的浪费。

大多数员工只知道要完成人力资源部的任务，而并不知道微课有着广泛的业务价值，可以解决问题、传递信息，更关键的是可以维护客户和营销产品。微课不只是课，而是"沟通渠道"。理解价值，才能真正认可。

因此建议企业内部进行一次宣讲型的"公开课"，形式可以多样。如果企业条件允许，可以组织半天左右的面授，请有经验的老师来分享微课的应用案例及快速制作微课的方法，让学员先有初步的认知。如果条件不允许，可以组织线上直播公开课。还可以采取"用微课讲微课"的方法，把大赛介绍制作成微课。但不管怎样，都建议让学员"明明白白"地参加大赛，而不是仅仅拿着"一纸通知"去"揣摩圣意"。

（2）全面渠道推广

人力资源部在组织微课大赛时，一定要全渠道、无死角地做宣传。微课大赛需要调动其他人参与，员工的投入是成功组织比赛的前提。只有人力资源部足够重视微课大赛，其他部门才会积极配合、参与。

怎么让其他人看得到人力资源部的重视？要做全渠道的推广。

至于具体的渠道，每家企业都不一样，只要尽量增加曝光度就可以。例如，某企业组织微课大赛，为了做好推广，电梯里的广告机加入了微课大赛的介绍，食堂的入口放置微课大赛的易拉宝，甚至在团建活动联欢会上，人力资源部的节目里都"植入广告"般地加上了微课大赛的宣传。

(3) 展示精神激励

员工参加微课大赛，一般不是完成本职工作，而是参加一项"业余的兼职活动"。适当的激励非常有必要，与物质激励相比，我觉得精神激励更重要。由于成本原因，企业投入在微课大赛上的物质激励一般不会太高，平均到个人身上就更低了。一方面，如果物质激励太少，员工会感觉"看不上"，好比月收入10 000元的员工，一个20块钱的记事本对他没有多大激励作用；另一方面，如果大奖很诱人，员工会感觉"高攀不上"，这好比大奖为价值8 000元的iPhone手机，但是800名参加微课比赛的人中只有1个获奖，你会很有把握吗？所以，物质激励可以有，但是精神激励更有效一些。

关于这方面，我提供一些建议。非物质激励的最主要价值就是激发荣誉感，就是让他感觉到荣耀的奖励。

例如，定制的奖杯或者奖牌（证书不如奖杯、奖牌好，因为证书会被"收藏"，而奖杯、奖牌会"展示"出来），获奖者大幅照片海报，全渠道展示他的作品。还有一些技巧性的精神激励，例如，给员工所在部门领导发"感谢函"；奖励一件定制版工装衬衫等。总之，一切可以用在团队管理上的精神激励法，都可以为我们所用。

需要特别说明，精神激励的手段应该在一开始就展示出来，而不是到最后给员工惊喜。因为微课大赛的目的不是给员工惊喜，而是激励他们参与。

3. 辅导：分层赋能

没有赋能的微课大赛，大概率会失败。微课虽小，但制作起来并没有那么简单。很多企业把微课开发想得太简单。这其中有个重要原因是经办人员没做过微课，或者没有做过专业的微课。微课开发包括选题、脚本、制作三个步骤，每个步骤皆有学问。好的微课需要精雕细琢。若业务团队不会做微课，又没有人教，最终肯定没法产出好的微课作品。关于如何赋能，我有三个"锦囊"。

（1）纯线上班赋能

纯线上班整体赋能的方式有四个好处。其一，覆盖更广泛人群，即使是50 000人的企业，也可以整体覆盖；其二，满足不同基础的人群，基础好的可以按需学习，基础不好的可以重复学习；其三，不影响正常工作，学员可以选择合适的时间、地点学习；其四，节省费用，如果计算人均费用，线上课程费用很低，一个50 000元的线上项目，如果有1 000人参与，平均人均培训费用才50元，非常划算。

采用线上班，要注意几个细节，细节做不好，线上班不如不做。

首先，设计比内容更重要。做微课要掌握的软件操作等技术网上都能找到，对于不同讲师的课程，关键点在于课程背后的设计思路，例如，练习设计、讲师反馈等，这些可能比内容更重要。所以，一定要先关注设计，再关注内容。

其次，做比学更重要。在很多线上项目中，有时企业希望监督学员学习每堂课的情况。如果我们理解本书所讲的微课的价值和意义，就能理解"按需学习"才是在线上学习真正的价值。有些课程学员已经掌握，就没有必要学。所以，我们把关注点放在课程的测评和作业上，只要测评成绩过关，作业完成，就算达到了目标。

最后，在线班的运营要内外结合。也就是说，企业内部的有效督促，加上外部机构的督学体系，有效结合才能实现价值最大化。

（2）分层分级赋能

在线班要进行分级设计，即在同一个项目中设置初、中、高阶。

微课的制作可以简单，也可以复杂。如果要简单制作，做几页幻灯片，配音后生成视频就是微课。如果要复杂制作，做到"文图匹配"，实现"动画友好"，达成"节奏起伏"，需要大量的时间。所以，一门 5 分钟的视频微课可以用半个小时做完，也可以用半个月做完。

脚本写作也是如此。只要完成文稿，就算是完成了脚本。稍好点的脚本能做到结构清晰、首尾精心设计，更好的脚本能做到内容生动形象、设计科学有效。课程设计是"残缺的艺术"，不是所有人都适合按最高标准做微课，如果面授课时间比较短，没有条件分级，在线课允许分级的优势就凸显出来了。

举个例子，七步入微的在线班初级班只有 15 节课，能帮助学员快速完成简单微课；中级班增加了 15 节课，在脚本设计和制作呈现上加量；高级班再增加 20 门课，追求更高质量的微课产出。这样，学员才能够按需求进行选择，避免基础好的学员觉得太简单，基础弱的学员又觉得太困难，而且给基础弱的学员增强技能的机会。

即便你所在的企业期望在最短的时间完成任务，依然推荐你设置不同层级。为员工提供多种可选的学习方式，是培训组织者的工作职责。

(3) 混合式学习设计

线下赋能培训阶段建议采取混合式学习设计，即线上线下结合的学习方式。例如，线下面授培训前一周左右进行线上开学典礼，由授课老师精心设计线上导入内容。需要注意，导入不只是自学课，还包含作业、指导、反馈、评价、测评、调研以及破冰互动等运营环节。

采取混合式学习设计的原因有四个：其一，线上预热有助于面授更高效；其二，至少节省 1 天面授时间，如果把节省出来的时间用于多开一期面授培训班，那么学员所获得的辅导机会就会大大增加，更有助于精品微课的产出；其三，课前的线上导入能够让讲师更了解学员，从而让面授教学更具个性化、有针对性；其四，混合式学习在项目后有持续学习环节，能帮助真正想投入精力打造优质微课的学员，完成高质量微课作品。

综上可见，微课大赛的线下赋能培训最好采用经过精心设计的混合式学习。

| Part 4　组织运营篇

在混合式学习项目中，线上线下设计的衔接非常重要。七步入微混合式学习班的简要方案如图 8-4 所示，供参考。

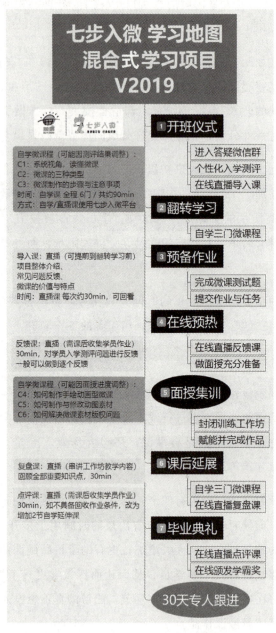

图 8-4　七步入微混合式学习班方案

4. 评选：广泛激励

微课大赛的目的不只是要评选优秀作品，更重要的是借助大赛提升企业对微课这种学习形式的认知。所以，"大赛不一定要选第一"。但大赛还是要评选出作品优劣的，我有三个建议分享给大家。

(1) 评选规则要早

评选规则应该在大赛之初就定下来，并尽早公布。透明的规则能够激励员工参与，也能够让员工了解微课大赛的目的。建议在制定评选规则时，注意三点细节。

其一，一定要要求员工自己做，严禁外包给咨询机构。其实，定制的现象非常普遍，毕竟做微课比较复杂。但这对于自己花时间做的学员有失公平，所以一定要禁止。

其二，微课设计的三个角度要均衡赋分，即选题、脚本、制作都要有比较高的权重。例如，选题30%，脚本40%，制作30%。这是为了鼓励学员认真对待每个环节，同时任何环节突出都能帮助自己取得好的成绩。如果要凸显其一，建议凸显脚本，因为毕竟微课是教学用的课程，还是要内容为王。还有个细节要注意，精准选题在总分中的占比不要太少，要引导学员选择合适的主题，不是所有的选题都是好选题。

其三，关于微课由谁来评选的问题，我有这样的建议：选题评选以业务部门为主，人力部门意见次之；脚本评选以人力部门意见为主，业务部门次之；制作评选人力部门意见占一部分，另一部分广泛参考员工意见。在评选过程，不要迷信咨询机构的意见，课件质量要以需求为主。

(2) 设置维度要细

评选维度要细致，最好选题、脚本、制作三方面分开设置奖项，总之越细越好。千万不要觉得这会很麻烦，实际上这样会有助于推动员工做好微课。比如，有些人软件操作能力不行，但是他的脚本写得很好，应该给予奖励，鼓励他继续做微课。再比如，有的人工作经验比较少，脚本很难写得有深度，但是做微课特别认真，在制作层面投入了足够多的精力，也该给予奖励，鼓励他继续做微课。

总之，评选维度越细，越不容易漏掉真正付出努力的人。

（3）激励范围要广

这一点很好理解，尽量激励更多的员工。可以选出 30% 正式奖励，最好再有 50% 的普惠奖励，因为我们的目的不是"选第一"，而是让更多人支持和参与。所以，激励范围越大越好，鼓励比评选更有价值。

5. 延续：内外衔接

结束意味着新的开始，微课大赛也是一样的。可以考虑从三个角度进行项目延伸。

（1）制订二轮计划

项目结束当然要做复盘，但是怎样的复盘更有效呢？我的建议是，以制订"第二轮微课大赛"计划为此轮微课大赛的复盘成果。虽然这个计划不一定立即执行，但是制定新的计划时自然而然会考虑之前哪些地方做得好、哪些地方需要改进，从而做好项目衔接。

（2）应用有效课程

企业大赛评选结束接下来需要做的是将评选出的课程立即应用到工作中。尤其是企业内部组织的一些培训，能够切入微课的尽量切入。"用起来"比"做好了"更重要。

（3）培养微课讲师

大多数企业在微课大赛后会有一个意外收获，即发现一批认可培训工作、喜欢做微课的人，他们在项目中的积极性比较高，而且自己的微课作品做得也还不错。这是培养微课内训师的好机会。可以在微课大赛结束前，组织他们复盘所学内容，成为内部微课讲师。一方面，这样能储备优秀的微课设计师；另一方面，能为未来内部微课制作储备内训师。

关于培养微课讲师，在微课大赛之后立即组织是最佳的时间窗口，甚至有必要单独立项，细致组织。

8.3 应用：评价不一定要套标准

有的企业的人力资源部想给微课评个三六九等，因为他们觉得这样才能督促大家做得更好。这有一定道理，但我认为评价一门微课好不好，最主要的是从应用角度出发，即有用的就是好的。比如说，本书所讲的很多微课应用案例，都是从实践角度出发的，只要有应用的价值，就该鼓励员工使用微课来解决自身工作问题。同时，我们还要注意一点，对于知识的传播而言，无论是传统课程还是微课，或者直播等其他形式，选题、脚本、呈现三个维度只要其一做得足够好，都可能弥补另外两个的缺点。例如，某选题可以解决一项紧迫的、存在广泛需求的业务问题，或者学员对此课程有非常强烈的学习动机，即便脚本写得粗糙、呈现制作简陋，这门课可能依然是非常受欢迎的课程。再比如，选题是很常见的，制作也很简单，就是普通幻灯片加上语音，但是讲解的内容却非常"干货"，符合学员真实需求，能够解决实际问题，也会非常受欢迎。

我认为，让微课用起来比评出三六九等更好一些，评价微课看应用，而不是套标准。当然，因为工作需要，在微课大赛等许多工作场景中，我们确实也需要对微课进行评估。下面，我就这个问题，分享一些经验。

评价微课，第一看主题，第二看内容，第三看形式。

1. 看主题

主题用一句话来概括：无问题，不微课。通常，好的微课都是解决企业问题的，而且解决以下六类问题的微课价值可能更大一些。

第一，工作高频问题。

即日常工作中经常遇到的问题。例如，如何向客户介绍一款正在热销的产品，这个问题是经常遇到的，可以优先做成微课。

第二，一线业务问题。

越是来自一线实战中的问题，越是好的问题。例如，跟市场、销售、产品等

Part 4 组织运营篇

相关联的课程主题通常都是好课程。

第三，企业热点问题。

例如，企业最近特别关注合规、风险防范，这说明这类事件在企业中特别重要，那我们就优先做成微课。

第四，员工痛点问题。

例如，目前销卡挽留类的问题特别多，员工无法准确应对，那么与销卡挽留有关的微课主题就是好主题。

第五，易错坑点问题。

一线员工容易忽略的，或者比较棘手的，比较适合开发成微课。

第六，相对新颖的主题。

人们学习微课的快感往往来自获得了新知识的满足感。所以，对于相对新颖的主题，学员会更感兴趣。例如，区块链在行业中的应用，这门课程就属于相对新颖的主题。

2. 看内容

内容要从两个角度看，其一，内容提炼；其二，方法设计。

关于这方面的具体解读，本书已在前面章节细致讲解过，在此不再赘述。

3. 看呈现

呈现也包含两个角度，其一是平面素材；其二是视频编辑。

虽然微课是"内容为王"，但也不要忽略一个问题：微课是自学的。如果微课动态内容做得少，那大家可能就不愿意看；如果微课的录音录的不好，大家可能也不愿意听；如果微课在做的时候，没有考虑到学员的一些感受，字太小，声音太小，背景音乐盖过了声音等细节，都会导致学员不愿意继续看这门微课。

为了给本书读者提供可落地的工具，我梳理了评价微课的15个维度，如图8-5所示，能够对微课进行综合评定。

图 8-5 七步入微微课程评价飞盘

需要特别说明的是,权重请按企业内部需求设置。例如,图 8-6 是在蒙牛集团七步入微微课程设计与开发授权讲师认证项目上,我对学员微课进行评价的赋分标准。

- 选题:15%;
- 脚本-内容提炼:25%;
- 脚本-教学设计:20%;
- 制作-平面素材:20%;
- 制作-视频编辑:20%。

这样的赋分标准是经过综合考虑的。由于蒙牛集团总部已经连续多年组织微课大赛,引进七步入微课程也已多年,内部很多员工对微课比较了解,这次的项目又是优中选优的授权讲师认证班,所以大家在微课选题上并不存在太大问题,选题评价的赋值比较少。对于脚本内容和制作,在本期项目中具有相似的重要性,但是为了鼓励学员在内容层面多下功夫,所以脚本评价的赋值比制作略高。

由此可见,维度赋值要以项目需求为准,而不要随意"复制粘贴"。这样,评价才有其实际意义。

七步入微™微课程评价系统 V1.0 七步入微™配套教具 ©版权所有

XX企业，XX班次，201X-11-11

项目	微课属性			选题评价				脚本评价-内容提炼				脚本评价-教学设计				制作评价-平面素材				制作评价-视频编辑				得分	排名
	作者	课题	备注	解决问题	对象清晰	适合微课	小计	主线清晰	提炼干货	学员友好	小计	结构完整	容易理解	高效记忆	小计	文图匹配	用新玩大	精致协调	小计	旁白语音	动态设计	整体呈现	小计		
权重		100%		5%	5%	5%	*15%*	10%	10%	5%	*25%*	10%	5%	5%	*20%*	10%	5%	5%	*20%*	10%	5%	5%	*20%*	100%	
数据分析	最高值	排名第1名成绩		100	100	100	15	95	95	95	24	95	90	90	19	95	95	95	19	95	90	95	19	94	
	最低值	排名最后1名成绩		85	100	100	0	80	75	70	0	50	60	60	0	50	70	70	0	50	50	50	0	0	
	平均值	全体成绩汇总均值		94	100	100	14	89	85	84	20	83	82	81	15	82	83	83	15	84	79	83	15	79	
	上位值	排名25%位成绩		99	100	100	15	94	90	89	23	90	85	85	17	89	85	85	18	90	85	90	18	89	
总数	中位值	排名50%位成绩		95	100	100	15	90	85	85	22	85	80	80	17	85	85	85	17	85	80	85	17	86	
26	下位值	排名75%位成绩		90	100	100	15	85	80	80	21	84	80	80	16	79	80	80	16	80	80	80	16	83	
1	张三丰	XX题目		85	100	100	***14***	80	80	80	***20***	70	75	75	***15***	95	95	90	***19***	90	80	85	***17***	85	15
2	郭靖	XX题目		100	100	100	***15***	95	90	90	***23***	90	90	90	***18***	95	90	95	***19***	95	85	95	***19***	93	2
3	济公	XX题目		90	100	100	***15***	80	75	75	***19***	60	80	70	***14***	70	70	70	***14***	85	70	70	***16***	77	23
4	小丸子	XX题目		85	100	100	***14***	80	75	70	***19***	50	60	60	***11***	50	70	70	***12***	50	50	50	***10***	66	24
5	黄蓉	XX题目		95	100	100	***15***	85	85	85	***21***	75	80	80	***16***	85	85	85	***17***	80	80	70	***16***	84	18
6	……	……		100	100	100	***15***	95	90	95	***23***	90	80	85	***17***	95	90	85	***18***	95	85	90	***18***	92	3
7	……	……		95	100	100	***15***	80	85	85	***21***	80	85	85	***17***	85	80	80	***17***	85	80	90	***17***	86	12

图 8-6　微课程评价系统演示

> 关于微课评价，可以在“混合学习实验室”公众号中回复“评价”，获取相应的电子版资料。

附　录

附表 1　微课综合评价表维度解读（赋值仅供参考）

一级指标	二级指标	指标说明
选题评价 15%	解决问题（5%）	解决工作、业务或岗位问题，优选符合高频、易错、难点、热点等业务问题的主题
	对象清晰（5%）	受众对象明确，避免受众过于宽泛的微课主题
	适合微课（5%）	聚焦在某个独立、具体的知识点讲解上，符合学员碎片化自学和移动互联网传播的特点
脚本评价-内容提炼 25%	主线清晰（10%）	内容合规、严谨、准确，逻辑清晰、重点突出
	提炼干货（10%）	内容具有新知性和可复制性的特点，避免泛泛而谈、空洞无效
	学员友好（5%）	内容组织与编排符合认知规律，遵循学员容易接受的特点
脚本评价-教学设计 20%	结构完整（10%）	选择科学教学框架与所开发微课主题相符，能够有效传递教学内容
	容易理解（5%）	通过教学方法，实现学员愿意看、看得懂、记得牢的微课设计目标
	高效记忆（5%）	教学设计有提炼归纳，能引导互动，能引发学员参与学习
制作评价-平面素材 20%	文图匹配（10%）	选择合适的方式进行呈现，平面、动画内容能够与内容相匹配
	生动形象（5%）	平面设计形象生动，精彩有趣，优先使用新颖素材，文字、图片等设计需适合移动互联网传播
	精致协调（5%）	文字、图片、视频、语音等呈现内容，符合微课传播规范

附　录

续　表

一级指标	二级指标	指标说明
制作评价-视频编辑 20%	旁白语音（10%）	旁白清晰，适当进行声音组合以增强声音吸引力
	动态设计（5%）	页面动态设计适中（静态持续不超过 15 秒），能够吸引学员注意力
	整体呈现（5%）	整体呈现风格一致、协调，选题、设计或呈现有所创新

附表 2　微课制作呈现评价表

清单选项	评价
整体风格统一，颜色搭配协调	
文字大小符合移动学习的特点，一般不小于 20 号字，重点文字一般不小于 60 号字	
使用艺术字营造效果，有一款主字体，且艺术字种类一般不超过 5 种	
关键文字通过字体、大小、留白、颜色、反色等方式实现重点突出，同时出现的文字一般不超过 100 字	
情景视频拍摄角度合适，人或物重点突出	
情景拍摄画面变化（双机位或一机多位），画面不抖动，人物声音清晰	
使用图片、贴图、GIF 动图等方式形象表达信息，既能有助于学员理解，又能让呈现更生动	
两部分内容之间应该有过渡、停顿，提问等需要思考的环节需要有停顿	
配音旁白声音清晰，语速适中偏快（含标点 300～400 字/分钟）；合成语音所选声音与风格及内容匹配	
细节呈现细致，前有封面，后有片尾，底部增加清晰语音字幕	

附表 3　微课案例事件评价表

清单选项	评价
案例事件来自一线业务工作	
案例事件包含对一个棘手问题的处理过程	
案例事件来自最近两年	
案例主题属于热点业务话题	
案例主题属于高频问题	
案例主题是其他人容易忽略的	
案例所提炼的经验能够促进业务	
案例所提炼的经验其他人可以直接复制套用	
案例所提炼的经验对他人来说是新颖的，或者创新的	
案例是真实的	

附表4　案例型微课效果达成评价表

清单选项	评价
案例微课的开篇，先进行价值导入方面的设计	
案例包含对故事发生背景的清晰描述	
案例故事背景非常简洁，用了精炼的语言	
案例故事清晰描述了所遇到的棘手业务问题	
案例故事包含大量具体行动（含语言）或思考过程的描述	
案例故事描述具体行动或思考过程的篇幅超过60%	
案例故事描述的具体行动或思考过程是一般员工不容易想到的或者有创新性的	
案例故事包含证据（如数据、客户反馈等），能够证明故事中所用方法的有效性	
案例分析使用了多次提问的方式，且提问循序渐进	
案例微课的结尾能够联系学员实际，融会贯通	

结束语　微课是混合式学习的真正开始

在此我想跟大家分享本书背后的故事。其实，2015 年、2017 年、2019 年，我曾三次想要写一本微课程设计的书。

2015 年，我跟合作伙伴说要写本微课设计的书，我们甚至还想搞一个"中国微课调查报告"随本书发布。但动笔写了不到 1 万字就停下来，写不下去了。当时，大家还在争论"微课的定义、形式、特点是什么"，真正做微课的企业很少。我当时也只是多做了一点研究而已。我决定先实践，再写书。因为知识储备不够，所以第一次写书的念头就放下了。

2017 年，我第二次有强烈的想法要把这本书写完。这一年，我在全国各地讲了近 250 天课，圈内的人都知道这个数字已经是职业讲师的极限了。幸运的是，高课量积累了丰富的实践经验。这次写了 5 万多字，又写不下去了。讲课越多，越是开始怀疑自己的研究。当时，我脑子里天天想的是：模式真的合适吗？案例有没有更好的？软件又更新了吗？能不能让学员学的再轻松点？能不能把三天培训变两天？能不能用线上训练营替代线下？人在一个领域的知识就像是一个海岛的面积，而海岸线就是我们无知的那一面。越是研究的"深入"，越是感觉到"无知"，也就越"不敢"出版这本书了。

2019 年，我更强烈地想要把"七步入微"写成一本书。但这一次，心态发生了很多变化，促使我完成本书的原因有三个。其一，我很希望这些年的一线实践经验能够真正帮助到需要做微课的企业和个人，所以我是带着一颗"公益心"

毫无保留地写完了本书；其二，目前在微课设计领域缺少以"操作"为出发点的书，能兼顾系统性和实操性，从选题到脚本再到制作，从课程到练习再到视频课程和配套公众号，所以我是按拿来就用的想法写完了这本书；其三，我的职业生涯要也要有新的升级和转型，所以想用这本书总结过去关于"七步入微"的经验，算是给自己的一份礼物，所以这是一本"水平有限但却毫无保留"的书。如果还有其四，那就是在写书这件事上"吹下的牛"，迟早要兑现的。

微课是混合式学习的真正开始。混合式学习被认为是在线学习和面授相结合的学习方式。不过，这里的在线学习主要是指移动学习，移动学习已经是不可回避的浪潮了。我在书中第 1 章讲"学习进化论"的那张图，就代表了我的观点。学习内容可能没有变化，但是技术驱动的学习形式或者说学习渠道一直在变化。

2020 年的春天，我在疫情期间对本书进行定稿，感慨万千。这个时候，我原本应该站在企业的培训室里，辅导企业员工开发课程。突如其来的疫情，让传统线下培训一夜清零。很多人问我，这场疫情会带给企业培训什么变化？我说变，也不变。变的是，几乎所有人都增强了线上学习的习惯性和接受度；不变的是，传统面授仍是主要的学习方式。所以，疫情助推混合式学习成为企业培训的新常态，混合式学习将成为培训学习的惯用形式。学习不分渠道，混合就是王道，人人都在需要。

我想在任何行业，一切提升效率与质量的事情都是正确的事情，以微课为代表的混合式学习正是典型代表。我会始终站在一线，为提升企业培训效率和质量而不懈努力。

感谢阅读，我们江湖再见。